Jürgen Möller

W0365361

Konzentrationslager Mittelbau-Dora

Die Eroberung der Raketenfabrik

im April 1945

und die Besetzung von Nordhausen

Verlag Rockstuhl

Inhalt

Impressum

Umschlaggestaltung: Harald Rockstuhl, Bad Langensalza

Titelbild:
Südlicher Eingang zum Fahrstollen B, April 1945
Foto: U.S. Army Signal Corps, National Archives

Rückseite: Die 3rd US Armored Division erreicht Nordhausen
Foto: U.S. Army Signal Corps, National Archives)
Ausschnitt aus einer Luftaufnahme der USAAF vom KZ Mittelbau-Dora vom 12.09.1944
Foto: Luftbilddatenbank Dr. Carls, Bild-Nr. 4045[12881] (Sortie 7-3276, 1:14.000)

1. Auflage 2018 im Verlag Rockstuhl

ISBN 978-3-95966-390-8

Satz und Layout: Jürgen Möller

Druck und Bindearbeit:

Gedruckt auf alterungsbeständigen Papier nach ISO 9706

Die Deutsche Nationalbibliothek verzeichnet diese Publikation in der Deutschen Bibliografie. Detaillierte bibliografische Daten sind im Internet über http://dnb.d-nb.de abrufbar

Verlag Rockstuhl
www.verlag-rockstuhl.de

Inhaber: Harald Rockstuhl
Mitglied des Börsenvereins des Deutschen Buchhandels e.V.
Lange Brüdergasse 12 in D-99947 Bad Langensalza/Thüringen
Telefon: 03603 / 81 22 46   Telefax: 03603 / 81 22 47
www.verlag-rockstuhl.de

Alle Rechte vorbehalten, insbesondere das Recht der mechanischen, elektronischen oder fotografischen Vervielfältigung, der Einspeicherung und Verarbeitung in elektronischen Systemen, des Nachdrucks in Zeitschriften oder Zeitungen, des öffentlichen Vortrags, der Verfilmung oder Dramatisierung, der Übertragung durch Rundfunk, Fernsehen oder Video, der Darstellung im Internet, auch einzelner Bild- und Textteile.

1. Vorwort

Nach dem erfolgreichen Start der Spezialausgaben zur Dokumentationsreihe „Das Kriegsende in Mitteldeutschland 1945“ mit der Broschüre „Konzentrationslager Buchenwald – Weimar im April 1945“ beschäftigt sich die neue Spezialausgabe mit der Eroberung der Raketenfabrik im Kohnstein bei Nordhausen und der, damit verbundenen, Befreiung des KZ Mittelbau-Dora.

Und auch diesmal handelt es sich im eine Auskoppelung aus einem der Hauptbücher der Reihe, in diesem Fall aus dem Buch „Der Kampf um den Harz 1945“. Da sich dieses Buch jedoch mit dem Kriegsende im gesamten Harzraum beschäftigt, war es für Leser mit dem schwerpunktmäßigen Interesse für das Thema „Mittelbau-Dora“ zu umfänglich. Damit jedoch auch diese Leser auf Ihre Kosten kommen, ist diese Broschüre entstanden. Natürlich auch in der Hoffnung, dass sie Interesse an mehr weckt und so zum Kauf des Hauptbuches animiert. Und damit sie auch das Interesse der Stammleser der Dokumentationsreihe weckt, nutzt die Auskoppelung die Möglichkeit, mehr Bildmaterial zu zeigen, als es im Buch möglich ist.

September 2018

Jürgen Möller

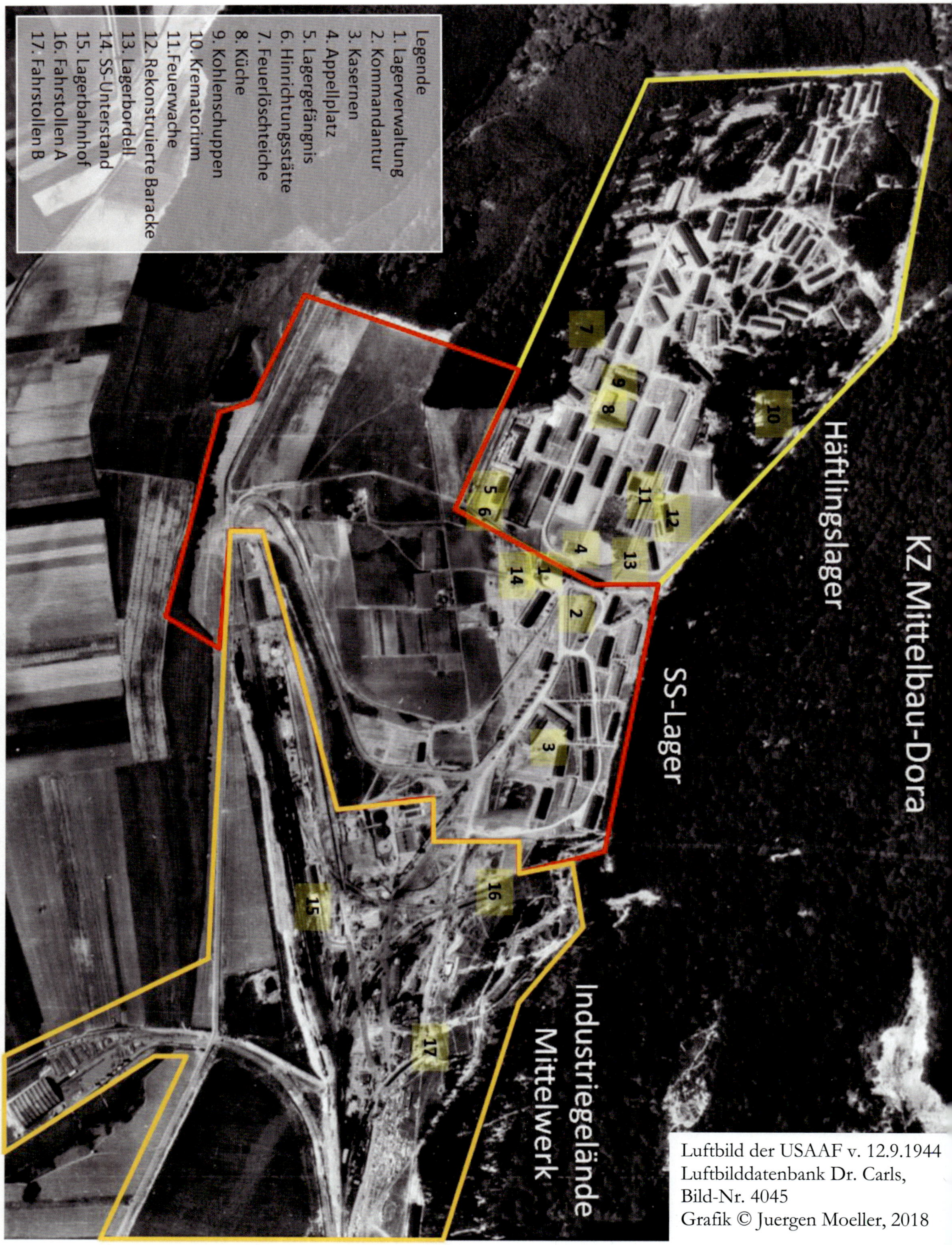

Luftbild der USAAF v. 12.9.1944
Luftbilddatenbank Dr. Carls,
Bild-Nr. 4045
Grafik © Juergen Moeller, 2018

2. Die militärische Lageentwicklung bis Anfang April 1945

Mitte März 1945 liegt das Dritte Reich in seinen letzten Zügen. Im Osten stehen die russischen Verbände vor dem Sprung aus den eroberten Oder-Brückenköpfen Richtung Berlin. Im Westen nähern sich die Alliierten dem Rhein, um ins Herz des Reiches zu stoßen.

Am 23. März 1945 beginnt die 21st (brit.) AGr mit dem befohlenen Großangriff am Niederrhein und die Truppen der 2nd (brit.) Army und der 9th US Army beginnen mit der Einschließung des Ruhrgebietes von Norden. Südlich des Abschnittes der 9th US Army beginnen die Kräfte der 1st US Army der 12th US AGr unter General Omar N. Bradley mit dem Vorstoß aus dem Rhein-Brückenkopf Remagen gegen den Südrand des Ruhrgebietes. Doch noch bevor die 1st US Army von Lt.Gen. Courtney H. Hodges den Angriff startet, beginnt südlich davon in der Nacht zum 23. März 1945 die 3rd US Army der 12th US AGr unter Lt.Gen. George S. Patton Jr. III mit dem Rhein-Übergang bei Oppenheim. Sofort nach der Eroberung von Kaiserslautern und dem Fall der Pfalz hatte Patton die Operationsabteilung der 12th US AGr informiert, dass er ohne Verzögerung den Rhein forcieren will, um über den Frankfurt-Kassel-Korridor direkt nach Mitteldeutschland hinein zu stoßen. *„Jeder Tag bedeutet bestimmt, dass wir Hunderte von amerikanischen Leben sichern. Der Feind ist an unserer Front im Chaos. Aber, wenn wir... (warten), reorganisiert er sich und wir müssen uns den Weg freikämpfen.“*[1] Und Bradley und Dwight D. Eisenhower, der Oberkommandierende *der* westalliierten Streitkräfte, hatten zugestimmt. Mit den Worten: *„In Ordnung.... Sie (Patton d.A.) überqueren zuerst und Courtney wird dann (aus dem Brückenkopf Remagen d.A.) ausbrechen und sich mit ihnen in Limburg treffen. Die 7th Army geht im Süden vor und dann können wir hinaufgehen (nach Norden d.A.) und helfen...“* Eine Stunde später hatte Patton den Angriffsbefehl erteilt.[2] Und, wie von Patton vorausgesagt, entwickelt sich der Angriff zügig.

Im Resultat des, auf der ganzen Breite erfolgten, Rhein-Übergangs, fällt am 28. März 1945 die Entscheidung Eisenhowers über die Fortsetzung der Gesamtoffensive westlich des Rheins, für die es zuvor keine Planungen gab. Dabei ist man sich mit den Briten einig, *„dass die Demarkationslinie, welche im Februar 1945 in Jalta festgelegt wurde, bei der Planung des Endkampfes keine Rolle spielt“*.[3] Strategisches Ziel ist es, nach der Einkesselung und Zerschlagung der deutschen Truppen im Ruhrgebiet mit der 12th US AGr im Zentrum den Hauptstoß über Kassel und Erfurt auf Leipzig und weiter nach Dresden zu führen, das Reichsgebiet in zwei Teile zu spalten und das wichtige mitteldeutsche Industriegebiet Halle-Merseburg-Leipzig zu besetzen. Das Endziel Dresden, das bereits im Plan „OVERLORD“ festgelegt worden war, wird später korrigiert und als Haltelinie für den Vorstoß die Elbe-Mulde-Linie festgelegt. Die im Norden angreifende 21st (brit.) AGr des Field Marshal Bernhard Law Montgomery soll bis zu den norddeutschen Häfen vordringen und die 6th US AGr unter General Jacob „Jake“ Loucks Devers soll nach Süddeutschland vorstoßen und im Donautal den Kontakt zur Roten Armee herstellen.

Diese Entscheidung fällt gegen massiven Widerstand der Briten, die Eisenhowers Strategie in Frage stellen. Der britische Field Marshal Brooke wirft Eisenhower die *„planmäßige Verzettelung“* seiner Kräfte vor. Hintergrund sind die britischen Befürchtungen, dass die angloamerikanischen Verbände bei der Zerschlagung des „Ruhrkessels“ zu lange gebunden sein würden. Sie plädieren für einen starken Vorstoß auf der gesamten Frontbreite und einen gezielten Angriff von Kräften Montgomery's auf Berlin. Churchill ist sich sicher, Berlin vor den Russen zu erreichen. Ungeachtet der Vereinbarungen erhofft er sich, Berlin als Faustpfand für zukünftige Verhandlungen mit Stalin einsetzen zu können.

Eisenhower hingegen ist gegen die Einnahme von Berlin. Als kühl kalkulierender Militär ist er sich des Preises für die Einnahme der Hauptstadt des Deutschen Reiches bewusst. Dabei orientiert er sich an seinem erfahrenen Heerführer Omar Bradley, den er selbst als *„größten Frontbefehlshaber, dem ich in diesem Krieg begegnet bin“* bezeichnete. Dieser hatte die möglichen Verluste mit 100 000 Mann beziffert. Bradley schreibt in seinem Buch *“A soldier's story of the Allied Campaigns from Tunis to the Elbe”: „Ein ganz schön hoher Preis für ein Prestigeziel.“* Dass seine Schätzungen durchaus berechtigt sind, zeigt sich daran, dass die Rote Armee beim Sturm auf Berlin über 100 000 Tote hinnehmen muss. Und auch, wenn Stalin den Angloamerikanern vorwirft, dass *„sich ihnen ganze Großstädte kampflos ergaben, während an der Ostfront um jede Bahnstation gerungen würde“*, so ist es falsch anzunehmen, dass die Deutschen ihre Hauptstadt kampflos aufgegeben würden. Hinzu kommt, dass sich die Russen zu diesem Zeitpunkt näher an Berlin befanden als die Westalliierten.

Eisenhower wird in seiner Entscheidung durch General Marshall als Vertreter der Combined Chiefs of Staff gestärkt. In dieser Phase schaltet sich Roosevelt in die Debatte ein und erteilt dem britischen Premier Churchill das letzte Mal eine Absage zu dessen Plänen. Roosevelt will ein gemeinsames Vorgehen mit den Russen. Churchill muss klein beigeben. Montgomery erhält den Befehl, nicht in Richtung Berlin anzugreifen. Alle weiteren Entscheidungen Eisenhowers wurden von dieser Entscheidung geprägt. Ab jetzt agiert nicht mehr der Politiker, sondern der Militär Eisenhower. Und für den ist das Ziel klar – die vollständige Zerschlagung der Wehrmacht. Dem ordnet er die militärischen Planungen unter. Ihm ist klar – der Feind muss zerschlagen werden, wo er angetroffen wird. Als Feldherr weiß er aber, dass er die Kampfmoral seiner Truppen und die Entschlossenheit seiner militärischen Führer nur aufrechterhalten kann, indem er ihnen mit dem Siegeslorbeer winkt. Und der ist nun einmal Berlin. Deshalb ist er sich mit Bradley einig, dass selbst seine Armeeoberbefehlshaber nicht erfahren dürfen, dass Berlin nicht mehr als Ziel in Frage kommt.

Bradley, dessen Armeen die Hauptaufgabe bei dieser letzten Offensive zukommt, war für diesen Auftrag nicht ohne Grund ausgewählt worden. Neben der Würdigung seiner bisherigen Leistungen sind sich Eisenhower und Marshall sicher, dass Bradley der einzig richtige und vor allem loyale Mann dafür ist. Die Amerikaner würden nicht glücklich sein, wenn man Montgomery diese Aufgabe gegeben hätte, denn der würde jede Möglichkeit, Berlin zu nehmen, mit Sicherheit nutzen und die Briten würden dann den ungewollten Ruhm einstreichen. Während hinter der Bühne die politischen Rangeleien über Macht und Nachkriegsordnung weitergehen, hat die letzte große Offensive im Westen längst begonnen.

Am 29. März 1945 erreichen die Spitzen des VII. US Corps der 1st US Army den Raum Marburg und das V. Corps den Raum Limburg. Die, auf Initiative von Eisenhower, neu gebildete 15th US Army unter dem Kommando von Lt.Gen. Leonard T. Gerow wird auf der Linie Düsseldorf – Köln formiert und übernimmt die Sicherung des Westrandes des entstehenden „Ruhrkessels“. Frankfurt/Main wird durch das XX. US Corps von Lt. Gen. George S. Patton's 3rd US Army genommen. Sein VIII. US Corps steht im Raum östlich Boppard und das XII. US Corps erreicht an der Spitze der 3rd US Army das Gebiet südlich Lauterbach/Hessen.

Die, auf breiter Front geführte, alliierte Großoffensive im Westen zerreißt die ohnehin schwache deutsche Westfront auf ihrer gesamten Breite. Nach dem Übergang der Alliierten über den Rhein bei Wesel am 23. März wird im Norden der H.Gr. H unter Gen.Obst. Johannes Blaskowitz im Zentrum aufgespalten. Durch die entstandene Lücke schiebt sich die 9th US Army auf den Nordrand des Ruhrgebietes und in Richtung Teutoburger Wald vor, während die 2nd (brit.) Army nach Norden drückt. Die 1. FschA wird dabei nach Nordosten auf den Unterlauf der Weser zurückgedrückt. Der Kontakt zu den Kräften an der Südflanke der H.Gr. H geht verloren. Sie werden der südlich angrenzenden H.Gr. B unterstellt.[4]

Die H.Gr. B unter GFM Walter Model steht mit der 15. Armee des Gen.d.Inf. Gustav-Adolf von Zangen und der 5. PzArmee von Gen.Obst. Josef Harpe entlang der Rhein-Linie zwischen Düsseldorf und Koblenz. Doch in dessen Front ragt wie ein Dorn im Fleisch der amerikanische Brückenkopf bei Remagen, südlich von Bonn. Bereits am 7. März war hier der 9th US AD der 1st US Army die Ludendorff-Brücke als erste Rhein-Brücke unversehrt in die Hände gefallen. Aus dem Brückenkopf Remagen heraus stößt die 1st US Army mit Beginn der Großoffensive durch das Siegerland nach Nordosten vor. Wie eine gewaltige Zange umfasst die 9th und 1st US Army das Ruhrgebiet. Am 31. März 1945 stellt die H.Gr. B in ihrer abendlichen Lagebeurteilung für den OB West fest, dass der Aufbau einer neuen Frontlinie hinter der Heeresgruppe notwendig ist, von der aus *„mit ausreichenden Kräften Angriffe zum Abschneiden des durchgebrochenen Feindes und Herstellung der Verbindung zur H.Gr.“* geführt werden müssen.[5] Am 1. April 1945 treffen sich die Spitzen der 9th und 1st US Army südlich von Lippstadt, die H.Gr. B ist *„zwischen Rhein, Ruhr und Sieg“*[6] eingekesselt.

Auch die Front der südlich anschließenden H.Gr. G wird an mehreren Stellen durchbrochen. General Patton's 3rd US Army war es nach der Einkesselung von Teilen der 1. und 7. Armee in der Pfalz am 22. März gelungen einen Brückenkopf über den Rhein bei Oppenheim zu erobern. Übergänge bei Boppard und St. Goar folgen. Aus den Brückenköpfen heraus stoßen seine Panzerkolonnen über Frankfurt/Main Richtung Kassel und in Richtung Thüringen. Der Stoß dehnt die entstandene Lücke zwischen der H.Gr. B und G weiter aus.

Die deutsche Westfront befindet sich damit Ende März 1945 in der Auflösung. Insbesondere die Einkesselung der H.Gr. B reißt eine riesige Lücke in die deutsche Front, durch welche die amerikanischen Verbände nunmehr fast ungehindert in den mitteldeutschen Raum hineinströmen. Dem hat das deutsche Oberkommando nur noch wenig entgegenzusetzen. In dieser Situation erteilt das OKW den Befehl zur Neuaufstellung der 11. PzArmee im Raum zwischen Weser und Harz und der 12. Armee im Raum Fläming - Dessau - Wittenberg - Halle - Merseburg. Der Führer selbst beauftragt den, von einem Autounfall genesenden,

Gen.d.Pz.Tr. Walter Wenck, aus den letzten deutschen Reserven, Ausbildungseinheiten der Kriegsschulen, RAD-Einheiten und jungen Rekruten, den neuen Großverband, die 12. Armee, zu bilden. Auftrag dieser Armee: *„Versammlung im Harz, also westlich der Elbe, und Angriff nach Westen zum Entsatz der H.Gr. B; dadurch Spaltung der westlichen alliierten Streitkräfte und durch weitere Operationen Herstellen einer geschlossenen Westfront.“*[7] Den Aufmarschraum der Armee Wenck soll die 11. Armee sichern, die unter Führung des, bereits im Februar 1945 neu aufgestellten, Stabes der 11. Armee aus den Resten der, dem „Ruhrkessel“ entkommenen, Einheiten der 5. PzArmee und 15. Armee sowie Ersatzeinheiten der Wehrkreise VI Münster, IX Kassel und X Hannover aufgestellt werden soll. Der Harz als wichtiges Zentrum der V-Waffen-Produktion und als Schutzraum vieler aus Berlin ausgelagerter Dienststellen bietet als natürliches Hindernis nach Meinung des OKW ideale Voraussetzungen, um mit dem Feind unterlegenen Kräften eine neue Widerstandslinie aufzubauen.

Den Hauptanteil an der neuen 11. Armee bilden die Reste des LXVI. AK und des LXVII. AK der 5. PzArmee der H.Gr. B. Das LXVI. AK unter dem Kommando von Gen.Lt. Hermann Flörke, welcher Mitte März den erkrankten Gen. Lucht abgelöst hatte, war am 30. März durch den Vorstoß der alliierten Truppen von der H.Gr. B getrennt worden. Auf Befehl GFM Models übergibt das Gen.Kdo. den bisherigen Abschnitt und wird aus dem Einsatz gezogen. Über Kassel wird der Stab des LXVI. AK in den Raum Paderborn – Marsberg entsandt, um die dort befindlichen Truppen zu übernehmen. Am 31. März übernimmt das LXVI. AK offiziell den Südabschnitt des Stellv. VI. AK. Der Komm.Gen. des LXVII. AK, Gen.d.Inf. Otto Hitzfeld, dessen Korps von der H.Gr. B getrennt wurde und das seinen Abschnitt und die Restteile des Korps mit Genehmigung des WFSt an das Stellv. XII. AK abgegeben hatte, erhält am 30. März fernmündlich von GFM Model den Befehl, sich zum Stellv. Gen.Kdo. IX. Korps nach Kassel zu begeben und den Verteidigungsabschnitt Kassel – Alsfeld zu übernehmen.[8] Das Stellv. Gen.Kdo. IX. AK unter Führung des Komm.Gen. im W.Kr. IX, Gen.d.Inf. Theodor Petsch, das zu diesem Zeitpunkt auf der Linie Edertalsperre - Melsungen steht, verfügt in seinem Abschnitt über kaum nennenswerte Kräfte. Hitzfeld, der in der Nacht zum 31. März in Kassel eintrifft, beginnt daher erst einmal mit Organisation der Verteidigung. Der Gefechtsstand des LXVII. AK geht nach Elgershausen, südwestlich von Kassel.[9]

Südlich des zukünftigen Abschnittes des LXVII. AK stehen die Reste der 7. Armee des Gen.d.Inf. Hans von Obstfelder der H.Gr. G zwischen Eisenach und Schweinfurt/Unterfranken, die vor den anstürmenden amerikanischen Verbänden auf die hessisch-thüringische Landesgrenze zurückgewichen waren. Der Großteil ihrer Verbände wird im Raum Frankfurt/Main eingekesselt. Der Stab des Stellv. Gen.Kdo. XII. AK und W.Kr. Wiesbaden entkommt dem Kessel einsatzbereit, dem Stab des LXXXV. AK gelingt die Flucht lediglich zu Fuß. Von der 7. Armee erhält Gen.d.Pz.Tr. Frhr. Smilo v. Lüttwitz den Auftrag, aus dem Rest des LXXXV. AK im Raum Eisenach das Korps neu aufzustellen. Ab dem 1. April übernimmt er den Befehl über den Werra-Abschnitt beiderseits von Eisenach mit dem Schwerpunkt entlang der RAB 4. Das Stellv. XII. AK steht am Abend des 31. März auf der Linie Fulda - Hünfeld - Vacha und hat dort losen Anschluss zum LXXXV. AK. Am linken Flügel der 7. Armee hält das LXXXII. AK den Abschnitt von Bad Neustadt bis Volkach am Main. Am rechten Flügel der 7. Armee ist mit der Organisation der Abwehrfront im Raum Mühlhausen - Gotha Gen.Lt. Horst Frhr. v. Uckermann mit Gefechtsstand in Süßenborn bei Weimar beauftragt. Die schwachen Sicherungen der, als Korps.Gr. Uckermann bezeichneten, Kräfte können im Zusammenwirken mit dem LXXXV. AK das Vordringen der Amerikaner in den Raum Mühlhausen - Gotha jedoch nur kurzzeitig an der Werra-Linie verzögern, aber nicht verhindern. Hinter dem Abschnitt der 11. und 7. Armee schließt sich neben den Kräften das Stellv. Gen.Kdo. IV. AK, W.Kr. Dresden entlang der Saale-Linie von Halle über Merseburg bis nördlich von Weißenfels an.

---

1 “Lucky Forward”, Col. Allen; Übersetzung Ulrich Koch, Berlin.
2 Ebenda.
3 „Die amerikanische Besetzung Deutschlands“ v. Henke, R. Oldenbourg Verlag München, 2. Auflage,1996, S. 660ff.
4 Historical Division, B-414, Oberst i.G. Rolf Geyer.
5 „Das letzte Kriegsjahr im Westen“, S. 498.
6 Historical Division, B-606, Oberst Günther Reichhelm.
7 NARA, B-606, Oberst Reichhelm.
8 BA-MA, ZA 1/660, B-309, Gen.d.Inf. Hitzfeld.
9 BA-MA, ZA 1/660, B-309, Gen.d.Inf. Hitzfeld.

3. Der amerikanische Vorstoß auf Nordhausen

J. Lawton Collins
Foto: National Archives

Mit Beginn des Monats April 1945 gewinnt der Vormarsch der Alliierten auf breiter Front an Dynamik. Bis zum Ostersonntag, dem 1. April 1945 geht im Abschnitt der 12th US AGr das V. US Corps der 1st US Army nach Nordosten und erreicht über Homberg in einem langgezogenen Stoß nach Norden den Raum Warburg. Das VII. US Corps von Maj.Gen. J. Lawton Collins stößt mit der 3rd US AD unter Brig.Gen. Doyle O. Hickey auf Paderborn. Am gleichen Tag erreicht die, aus dem Rhein-Main-Gebiet vorstoßende, 3rd US Army thüringischen Boden. Ihr XX. US Corps attackiert unter dem Kommando von Lt.Gen. Walker nach Nordosten und während seine 80th US InfDiv den Raum Kassel erreicht, schwenken die Hauptkräfte nach Osten und rücken auf Mühlhausen vor. Das XII. US Corps, das sich bei seinem Vorstoß nach Nordosten weit vom XX. und vom benachbarten XV. US Corps der 7th US Army absetzt, erreicht mit seinem nördlichen Angriffskeil die Werra westlich von Eisenach. Zur Führung des geplanten Angriffs zum Entsatz des „Ruhrkessels" verlässt der OB West, GFM Albert Kesselring mit seinem Befehlszug den Raum Ohrdruf - Crawinkel und erreicht zwei Tage später, am 3. April 1945, die Gegend zwischen Elbingerode und Drei-Annen-Hohne, wo er sein Hauptquartier aufschlägt.[1] Der Fü.Stab. Stellv. Gen.Kdo. IX. AK verlässt Kassel und verlegt nach Witzenhausen, das LXVII. AK geht nach Gertenbach/Hessen, nordwestlich von Kassel.

Am **Ostermontag, dem 2. April 1945**, erscheint der OB West Kesselring persönlich auf dem Korpsgefechtsstand des LXVII. AK in Gertenbach, um den Gen.d.Inf. Otto Hitzfeld den Befehl des OKW zu übermitteln, das Kommando über das SS-PzAOK 11 bis zum Eintreffen des neuen Befehlshabers, Gen.d.Art. Walther Lucht, zu übernehmen. Gen.d.Art. Lucht war als Komm.Gen. des LXVI. AK im März zur Wiederherstellung seiner Gesundheit in die Führerreserve Potsdam versetzt worden und Anfang April noch nicht in der Lage das Kommando über die Armee zu übernehmen. Hitzfeld schreibt: *„... ich taufte sie kurzerhand 11. Armee, da von Panzern und SS kaum die Rede war."*[2] Kesselring unterstellt Hitzfeld hierfür neben dem LXVI. AK und LXVII. AK das Stellv. IX. AK und das Stellv. VI. AK.[3] Den Befehl über Hitzfelds LXVII. AK übernimmt vorübergehend Gen.d.Art. Maximilian Fretter-Pico unter Beibehaltung seines Kommandos über das Stellv. Gen.Kdo. IX. AK und den W.Kr. IX Kassel. Am gleichen Tag trifft von Neustrelitz/Mecklenburg kommend das Vorkommando des Stabes der 11. Armee in Mühlhausen/Thür. ein, wo es sich beim zufällig anwesenden GFM Kesselring meldet. Von Mühlhausen fährt das Vorkommando zu Gen.d.Art. Fretter-Pico und anschließend zum Gefechtstand des LXVII. AK in Gertenbach zur Meldung bei Gen.d.Inf. Hitzfeld.[4] Mit der Befehlsübergabe an Gen. Hitzfeld und dem Eintreffen des Stabes übernimmt die 11. Armee die Führung der Kampfhandlungen im mittleren Abschnitt der Westfront.

Otto Hitzfeld
hier als Oberst 1942
Foto: National Archives

Albert Kesselring
Foto: Bundesarchiv, Bild 183-R93434/CC-BY-SA

Am **Dienstag, dem 3. April 1945**, teilt auf dem gemeinsamen Gefechtsstand des AOK 11, des LXVII. AK und des Stellv. Gen.Kdo. IX. AK in Witzenhausen der OB West den Anwesenden mit, dass die 11. Armee ihm direkt unterstellt ist. Der Gefechtsstand des AOK 11 verlegt auf Schloss Adelebsen, nordwestlich von Göttingen. Beim LXVII. AK dringen amerikanische Truppen beiderseits Melsungen nach Osten vor und erreichen die Verbindungsstraße Kassel – Eisenach. Die Front des LXVII. AK wird auf die Linie Hann.Münden – Kassel - Hessisch-Lichtenau – Waldkappel zurückgedrückt.[5]

Am Nachmittag greifen Bomberverbänden der Royal Air Force die nordthüringische Stadt Nordhausen an. 256 viermotorige Bomber „Avro Lancaster“ und zweimotorige Fernaufklärer De Havilland „Mosquito“ IV werfen gegen 16.00 Uhr ihre Bomben über dem Stadtgebiet und in der Umgebung der Stadt ab.[6]

Nordhausen, im Landkreis Grafschaft Hohenstein gelegen, ist verkehrstechnischer Knotenpunkt und Mittelpunkt der Rüstungsindustrie im nordthüringer Raum. In Nordhausen laufen die Bahnstrecken aus Halle, Erfurt und Göttingen zusammen, über die die Truppentransporte und der Nachschub in Richtung Westfront laufen, hier beginnen die gebirgsüberschreitenden Straßen über den Harz. Rund um Nordhausen findet sich eine Vielzahl von schützenswerten Rüstungsbetrieben, deren Transportrouten die Stadt kreuzen. Durch die Stadt verlegen hochrangige militärische Stäbe und Einrichtungen des NS-Staates auf ihrem Rückzug oder auf der Flucht Richtung Süddeutschland Und jetzt, nachdem der „Ruhrkessel“ geschlossen ist und die amerikanischen Truppen nach Osten vorrücken, ist die Stadt Drehscheibe für die Truppen der 11. Armee, die in den Harz zurückweichen. So wird Nordhausen, das seit geraumer Zeit nur noch wenig Militär beherbergt, zum strategischen Ziel.

In den verbliebenen staatlichen Einrichtungen in der Stadt laufen Anfang April längst die Vorbereitungen für das Absetzen. So haben die Verantwortlichen der Stadt um Oberbürgermeister Dr. Herbert Meyer und des Landkreises um Landrat Wolff von Wolffersdorff ihren Verwaltungen den Befehl zur Vernichtung der Geheimsachen und wichtiger Akten und Dokumente erteilt. Für die Ordnungspolizei[7], zu der eine Abteilung Luftschutzpolizei mit 250 Ukrainern und die evakuierte Feuerlöschpolizei Kassel gehört, liegen die Marschbefehle vor.[8] Sie sollen sich der zurückgehenden, kämpfenden Truppe anschließen. Gleiches gilt für die Angehörigen des Wehrkreiskommandos Nordhausen sowie des Marineoberkommandos West in Nordhausen.[9]

Doch mitten in diesen Vorbereitungen trifft sie der Bombenangriff. Bisher war die Stadt Nordhausen und die umliegenden Städte und Orte der Landkreise Grafschaft Hohenstein und Sangerhausen meist glimpflich davongekommen. Trotz unzähliger Fliegeralarme, vereinzelter Bombenabwürfe und stetig zunehmender Tieffliegerangriffe hatte es im Vergleich zu anderen Regionen Mitteldeutschlands keine größeren Opferzahlen gegeben.

Brennende Flugzeuge auf dem Flugplatz Nordhausen
nach einem Angriff der USAAF im Februar 1945
Foto: National Archives, 342-FH-3A20467-59351AC

Ausnahmen bilden unter anderem ein Tieffliegerangriff am 5. Mai 1944, bei dem dreizehn amerikanische doppelrumpfige Lockheed P 38 „Lightning"-Jagdbomber erst zwei Züge am Bahnhof Berga-Kelbra und dann einen durchfahrenden Militärzug angegriffen hatten. Fast an der gleichen Stelle war es am 21. Februar 1945 noch einmal zu einem Tieffliegerangriff auf zwei Züge gekommen. In dem vollbesetzten D-Zug Nr. 90 wurden im Kuhrieth zwischen Berga-Kelbra und Auleben 40 Personen getötet. [10] Zwischen Heringen und Aumühle wurde ein Truppentransport mit französischen Angehörigen der Waffen-SS angegriffen, wobei sechs Soldaten getötet und sechs verwundet wurden.[11] Am 22. Februar 1945 war es dann über dem Stadtgebiet zu einem ungezielten Abwurf eines Verbandes von 15 Consolidated B-24 „Liberator" Bombern gekommen, die sich auf dem Rückflug von einem erfolglosen Angriff befanden. 45 Opfer dieses Bombenabwurfs wurden im Rahmen einer öffentlichen Trauerfeier am 27. Februar 1945 auf dem Neuen Friedhof beerdigt.[12] Ein einzelne „Lightning" zerstörte dann am 1. April 1945 mit nur einer Bombe das Hotel „Hessischer Hof" und ein Nebengebäude und tötete dabei dreißig Menschen, die meisten von ihnen Stabsoffiziere des Marinestabes.[13]

Als gegen16.00 Uhr die Luftwarnsirenen „Voralarm" geben, befindet sich die örtliche Luftschutzleitung und der Arbeitsstab der Stadtverwaltung für die Obdachlosen gerade auf der Ausweichbefehlsstelle in der Zichorienfabrik an der Stolberger Straße, um dort über weitere Evakuierungsmaßnahmen zu beraten. Jetzt müssen sie miterleben, wie die Stadt im Bombenhangel versinkt.[14]

Luftaufnahme von Nordhausen mit dem Fluss Zorge, der durch die Bildmitte verläuft, aufgenommen am 11. April 1945 von einem Taktischen Aufklärungsflugzeug P-51 Mustang der 9th US Air Force beim Anflug von Norden Foto: National Archives, 342-FH-3A22119-57297AC

Um 16.10 Uhr heulen die Sirenen „Luftalarm". *„Es war die 401. Luftwarnung für Nordhausen und zugleich die letzte, die von den Sirenen auf den Dächern in diesem Krieg gemeldet wurde."* schreibt Dr. Manfred Schröter in den Beiträgen zur Heimatkunde, Sonderausgabe 1988 „Die Zerstörung Nordhausens und das Kriegsende im Kreis Grafschaft Hohenstein 1945".[15] Erst am nächsten Tag wird das Ausmaß der Schäden sichtbar. Noch kann keiner sagen, wie viele Opfer dieser Angriff gekostet hat. Auch in den Nachbarorten fordert der Angriff Opfer. In Bielen werden 17 Personen getötet, in Rottleberode vier und in Stolberg sieben.[16] Noch in der Nacht flüchtet ein Großteil der Bewohner von Nordhausen aus der brennenden Stadt und bringt sich in der Umgebung in Sicherheit.

Am **Mittwoch, dem 4. April 1945**, entwickelt die 3rd US Army ihre Offensive weiter in Richtung Osten, während die Kräfte der 1st US Army bei den Kämpfen um den „Ruhrkessel" gebunden sind, Das XX. US Corps beendet die Einnahme von Kassel und erreicht mit seinen Angriffsspitzen Mühlhausen. Das VIII. US Corps, welches aus dem Raum westlich von Frankfurt/M. herangeführt wurde, beginnt mit seinem Angriff durch das XX. und XII. US Corps hindurch nach Osten. Dabei werden Teile des XII. US Corps unter das Kommando des VIII. US Corps gestellt. Das XII. US Corps setzt seinen Vormarsch Richtung Kamm des Thüringer Waldes fort. Dann erhält Patton endgültig den Haltebefehl. Er soll warten, bis die 1st US Army den „Ruhrkessel" liquidiert hat. Die Gefahr eines deutschen Gegenstoßes in die offenen Flanken der 3rd US Army ist zu groß. Insbesondere die im Harz in der Neuaufstellung befindliche 11. deutsche Armee ist für die alliierte Militärführung eine unkalkulierbare Gefahr.

Der Angriff der 3rd US Army endet damit genau an dem Tag, an dem die Großoffensive der 12th US AGr offiziell beginnt. Trotz aller Risiken hat sie Bradley vom 14. April auf den 4. April vorverlegt, um den, entlang der gesamten Westfront in Schwung geratenen, alliierten Vormarsch nicht zu bremsen. Am gleichen Tag wird Lt. Gen. William H. „Simps" Simpson's 9th US Army aus der 21st (brit.) AGr herausgelöst und Bradley's 12th AGr unterstellt. Die 12th AGr verfügt nunmehr über insgesamt vier Armeen, zwölf Corps und 48 Divisionen mit 1,3 Millionen Mann. Die 9th US Army soll über Hannover und Magdeburg zur Elbe zwischen Dessau und Wittenberge angreifen und sich bereithalten, „den Angriff in Richtung Berlin oder nach Nordosten fortzusetzen"[17], die 1st US Army über Halle und Leipzig auf Dresden und die 3rd US Army soll nach dem Aufschließen der Nachbarn den Angriff über Erfurt und Weimar nach Chemnitz fortsetzen. Keiner, seiner drei Feldherrn weiß, dass sie die Endziele nie erreichen würden und nie erreichen sollen.

Am 4. April 1945 heißt es im KTB des OKW/WFSt: *„An der neu aufgebauten Front südlich der Weser übernahm die 11. Armee den Befehl... Der OB West übersandte eine neue Lagebeurteilung. Gehalten werden muss Schweinfurth und ferner der Raum Nordhausen, mit dessen Verteidigung der SS-Gruppenführer Kammler beauftragt wurde."*[18] Das Stellv. Gen.Kdo. IX. AK scheidet aus der Führung der Front aus und übernimmt Organisationsaufgaben im rückwärtigen Raum der 11. Armee.[19] Am Abend erteilt der OB West auf dem Gefechtsstand des AOK 11 in Adelebsen die Genehmigung zum weiteren schrittweisem Rückzug. Auch den Befehl zum Stoß auf den „Ruhrkessel" hebt Kesselring wieder auf und erteilt Hitzfeld den neuen Auftrag: *„Armee stößt dem über Eisenach – Richtung Mühlhausen vordringenden Feind in die Flanke und verzögert dadurch sein Vorgehen in Mitteldeutschland... Angriff ist so zu führen, dass starke Kräfte vorgetäuscht werden. Angriffsbeginn nachts oder in der Dämmerung. Zeitpunkt 5.4. abends oder 6.4. früh."*[20]

Nordhausen

Um 09.08 Uhr wird die Stadt Nordhausen zum zweiten Mal Ziel britischer Bomber. Diesmal greifen 252 Bomber der 5th Bomber Group und 8th Pathfinder Group die Stadt an, in der die meisten Bewohner noch immer unter dem Schock des Angriffs vom Vortag stehen.[21] Nur ein Teil Einwohner hatte nach dem ersten Angriff die brennende Stadt verlassen und Schutz in den Dörfern und Wäldern der Umgebung gesucht.

Als um 09.24 Uhr der Angriff endet, hat sich die Zahl der Opfer noch einmal dramatisch erhöht. Mit dem Abdrehen der Bomber setzt die Flucht der letzten Überlebenden aus der Stadt ein, die aus Angst vor weiteren Angriffen Schutz in der Umgebung suchen. *„Langsam leerte sich die Stadt. Die Leute in den Randgebieten wurden von den Parolen und der Fluchtbewegung mitgerissen. Selbst in den Straßen, in denen die Fensterscheiben noch heil waren, begannen die Menschen zu fliehen."*[22] Dort hatte man bereits unmittelbar nach dem ersten Angriff unter Leitung des Oberarztes des Nordhäuser Krankenhauses, Dr. med. Kurt Weidermann, begonnen, Notlazarette aufzubauen, wohin man seit der Nacht die Patienten des zerstörten Nordhäuser Krankenhauses und der Lazarette sowie die unzähligen Verwundeten mit Autos, Lastwagen und Pferdefuhrwerken bringt.

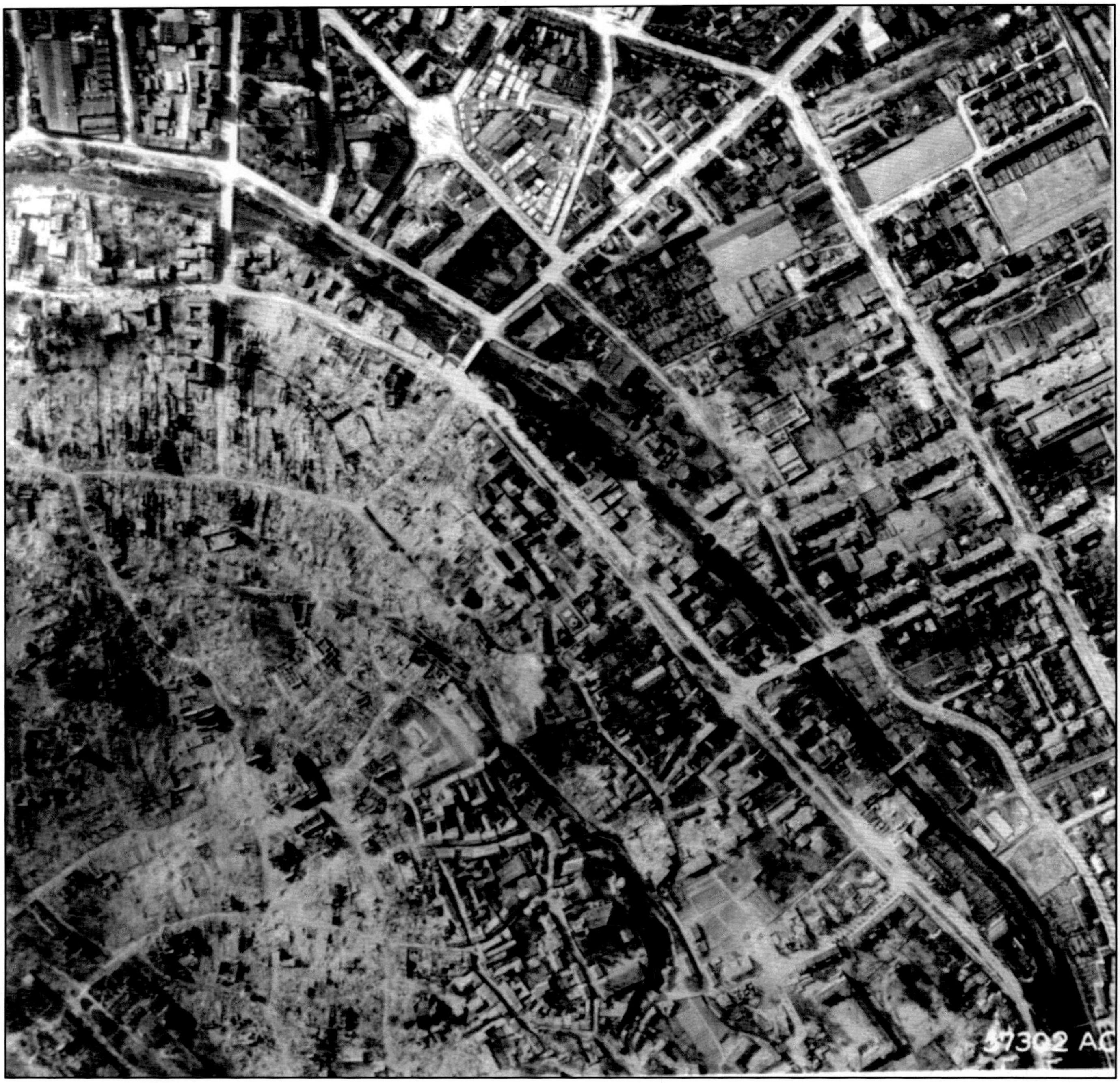

Luftaufnahme von Nordhausen mit den Bahnanlagen am rechten Bildrand. Aufgenommen am 11. April 1945 von einem Taktischen Aufklärungsflugzeug P-51 Mustang der 9th US Air Force.
Foto: National Archives, 342-FH-3A22120-57302AC

Erst am 8. April finden die Kranken und Verwundeten trotz des Widerstandes von Maj. Groß[23] Schutz in einem verlassenen Stollen des Mittelwerkes in Niedersachswerfen. Groß hat den Befehl, das Werk zu verteidigen und die Stollen zu sprengen und ist gewillt, diesem Befehl nachzukommen.[24] Dabei hatten bereits in der ersten Nacht Zivilisten Schutz in zwei Stollen des Werkes gefunden, nachdem es dem Salzaer Bürgermeister Reinhold Hirl[25] gelungen war, die Sicherungsmannschaften zu überreden, die Zugänge zu öffnen. Auch diesmal hilft Hirl, an den sich Dr. Weidermann in seiner Not wendet.[26]

In der Zwischenzeit wüten in Nordhausen die Brände. Nur wenige Feuerwehrkräfte versuchen den Bränden Einhalt zu gebieten. Die Straßen sind für die Löschfahrzeuge durch Trümmer und Bombentrichter unpassierbar, die Wasserleitungen vielerorts unterbrochen. So geben die verbliebenen Kräfte, die ohne jegliche Führung und Unterstützung von außen zum Einsatz kommen, schnell den Kampf gegen die Flammen auf. Lediglich der Kasseler Feuerlöschpolizei, die sich nach dem Fall von Kassel mit der Wehrmacht zurückgezogen hat und am späten Abend mit zwei Löschzügen in Nordhausen eintrifft, gelingt es an einigen Stellen Personen zu retten und Brände zu löschen, aber gegen die Flächenbrände hat sie keine Chancen.[27]

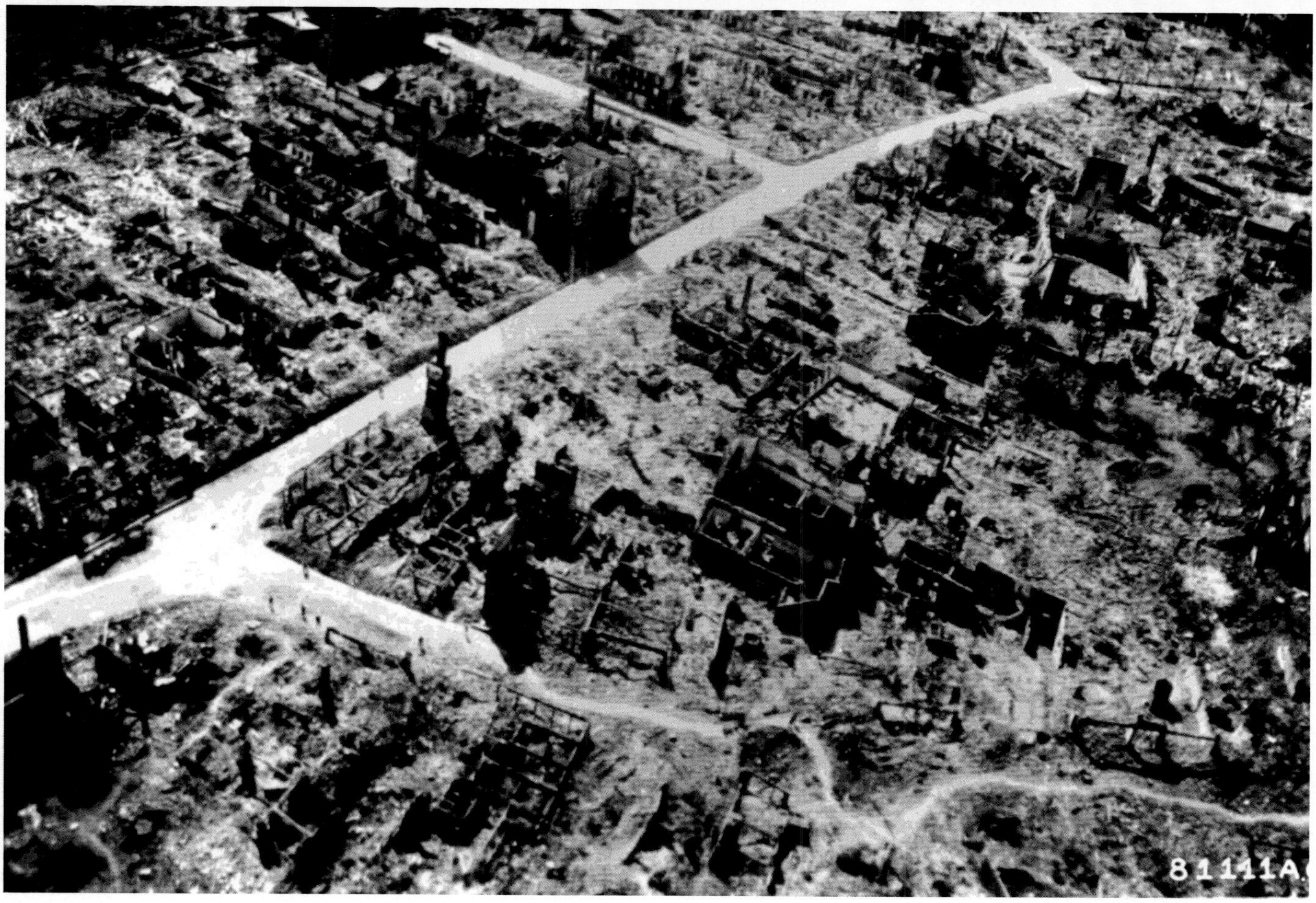

Luftaufnahme der USAAF von Nordhausen vom 12. Mai 1945 mit der, bereits geräumten, Hauptstraße oben und den Bahnanlagen, unten.
Fotos: National Archives, 342-FH-3A22122-81111AC/342-FH-3A22124-81112AC

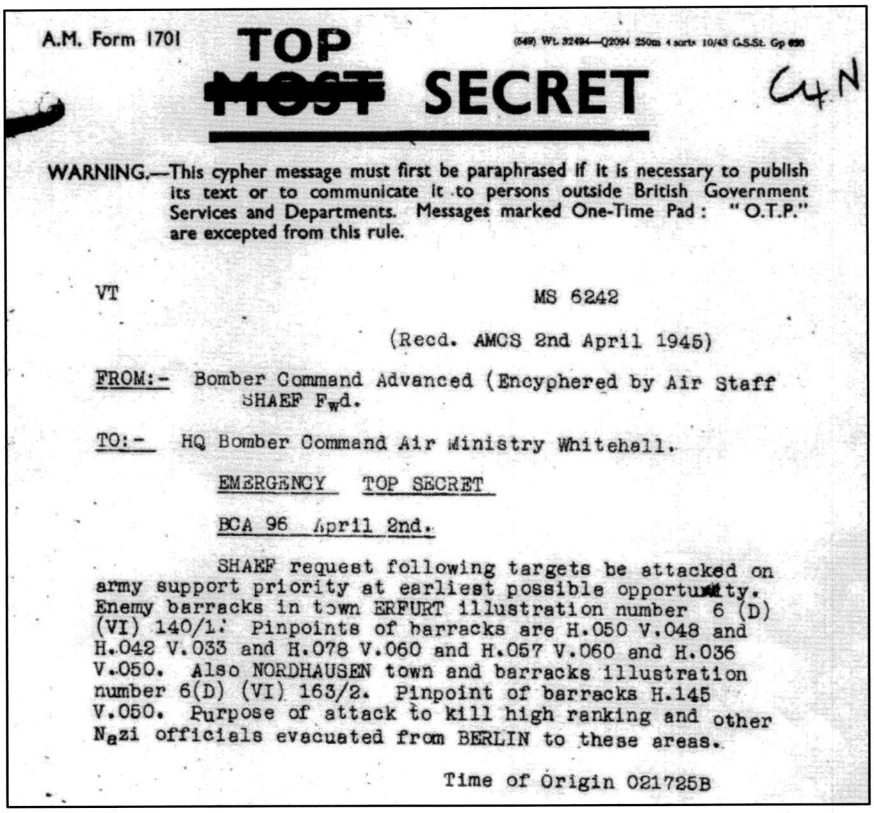

A.M. Form 1701 **TOP ~~MOST~~ SECRET**

(549) Wt. 32494—Q2094 250m 4 sorts 10/43 G.S.St. Gp [illegible]

WARNING.—This cypher message must first be paraphrased if it is necessary to publish its text or to communicate it to persons outside British Government Services and Departments. Messages marked One-Time Pad : "O.T.P." are excepted from this rule.

VT MS 6242

(Recd. AMCS 2nd April 1945)

FROM:- Bomber Command Advanced (Encyphered by Air Staff SHAEF F$_{w}$d.

TO:- HQ Bomber Command Air Ministry Whitehall.

EMERGENCY TOP SECRET

BCA 96 April 2nd.

SHAEF request following targets be attacked on army support priority at earliest possible opportunity. Enemy barracks in town ERFURT illustration number 6 (D) (VI) 140/1. Pinpoints of barracks are H.050 V.048 and H.042 V.033 and H.078 V.060 and H.057 V.060 and H.036 V.050. Also NORDHAUSEN town and barracks illustration number 6(D) (VI) 163/2. Pinpoint of barracks H.145 V.050. Purpose of attack to kill high ranking and other Nazi officials evacuated from BERLIN to these areas.

Time of Origin 021725B

Kopie des Fernschreibens des Allied Bomber Commands vom 2. April 1945
Sammlung Schneider/Nordhausen

Inhalt:
SHAEF fordert zum frühestmöglichen Zeitpunkt zur Unterstützung der Armee den Angriff auf die folgenden Ziele – Feindliche Kasernen in Erfurt, (Koordinaten), die Stadt Nordhausen und die gekennzeichneten Kasernen in der Stadt. Zielpunkt der Kasernen (Koordinate). Zweck des Angriffs ist die Tötung hochrangiger und anderer Nazi-Persönlichkeiten , die aus Berlin in diese Räume evakuiert wurden.

Auch für die Überlebenden ist das Grauen noch nicht zu Ende, denn jetzt nehmen amerikanische Jagdbomber die Flüchtenden unter Beschuss. Noch einmal gibt es Tote und Verwundete.[28] Wie viele Opfer die beiden Bombenangriffe genau gefordert haben, lässt sich nur schwer ermitteln. Stadtarchivar Dr. Schröter beziffert die Gesamtzahl der Toten beider Angriffe auf 8800, davon 6000 Nordhäuser, 1500 Kriegsgefangene, Soldaten, Zwangsarbeiter und Flüchtlinge sowie 1300 getötete Häftlinge in der Boelcke-Kaserne. 74 Prozent der Innenstadt sind zerstört, historische Gebäude für immer verloren. Annähernd 20 000 Menschen sind obdachlos.[29] Noch Jahrzehnte danach wird man in der thüringischen Residenzstadt Gotha die Legende erzählen, dass der Angriff vom 3. April eigentlich ihr gelten sollte und es nur dem mutigen Handeln eines Bewohners zu verdanken sei, dass es nicht dazu kam. Dieser soll auf dem Rathaus die weiße Fahne gehisst haben, als der Bomberverband bereits über der Stadt war, und ihn so im letzten Moment zum Abdrehen auf Nordhausen bewegt haben. Doch bereits Dr. Schröter und Dr. Geiger hatte in ihren Büchern klargestellt, dass der Bomberverband nie ein anderes Ziel als Nordhausen hatte. Dies bestätigen auch die Dokumente des Bomber Command.

Am **Donnerstag, dem 5. April 1945**, werden bei der 1st US Army das VII. und V. US Corps vom Auftrag der Zerschlagung des „Ruhrkessels" entbunden und beginnen mit dem Angriff Richtung Osten. Elemente des V. US Corps entlasten dabei das XX. US Corps der 3rd US Army bei Kassel. Das XX. US Corps besetzt Mühlhausen und schwenkt mit Teilen nach Südosten auf Langensalza.[30] Die, bei Kassel von ihrem Auftrag entbundenen, Teile des Corps marschieren nach Osten und erreichen Eschwege. Die Grenzen des, in die Angriffsfront der 3rd US Army eingeführten, VIII. US Corps werden verändert und dem Corps die frühere Zone des XII. US Corps übertragen. Somit übernimmt das VIII. US Corps die Verantwortung für den Raum Eisenach - Langensalza - Gotha. Teile des VIII. US Corps gehen in Vorbereitung des weiteren Angriffs nach Nordosten bis zur Linie Mühlhausen - Langensalza vor. An der rechten Flanke der 3rd US Army beginnt das XII. US Corps in Vorbereitung auf den Angriff seiner Panzerkräfte Richtung Südosten, auf Coburg, mit der Umgruppierung.

Der Korpsgefechtsstand des LXVII. AK geht nach Reinhausen. Am Abend erteilt Hitzfeld dem Gen.d.Art. Fretter-Pico den Befehl, mit dem LXVII. AK in einem Flankenstoß aus dem Raum Heiligenstadt heraus über Dingelstädt die rückwärtigen Linien der bei Mühlhausen stehenden 6th US AD des XX. US Corps zu durchtrennen und die Verbindung mit dem, im Raum Eisenach stehenden, LXXXV. AK der 7. Armee herzustellen. Die angestrebte Verbindung zwischen beiden Armeen wird jedoch nie zustande kommen. Noch während Hitzfeld den Befehl zum Angriff Richtung Süden erteilt, meldet der OB West über Funk, *„dass die Kräfte in der Thüringer Ebene zu schwach wären und ein Durchbruch in Richtung Halle nicht verhindert werden könnte"*.[31]

Im Raum Nordhausen laufen bereits die letzten Maßnahmen zur Evakuierung der Raketenproduktion. Während die Peenemünder Akten bereits aus Bleicherode verlagert wurden und der Sonderzug mit den Wissenschaftlern Thüringen verlassen hat, werden die letzten Dokumente aus Mittelwerk auf dem Hof der ehemaligen N.P.E.A. im Kloster Ilfeld verbrannt. In Niedersachswerfen werden die, auf den Abtransport wartenden, V-2 Raketen und Bauteile teilweise gesprengt bzw. unbrauchbar gemacht.

Teile der V-2 Raketen vor den Fahrstollen der Raketenfabrik bereitgestellt für den Abtransport
Fotos: National Archives, 342-FH-3A19999-A59033AC /342-FH-3A19998-59033AC

Parallel hierzu erfolgt die Evakuierung der letzten arbeitsfähigen KZ-Häftlinge in Züge. Der letzte Zug verlässt gegen 19.00 Uhr das Werk.[32] Auch in den anderen KZ-Außen- und Nebenlagern in der Umgebung von Nordhausen und im übrigen Harzraum laufen die Evakuierungen.

Es wird von insgesamt 40 000 KZ-Häftlingen gesprochen, die unter Verantwortung des stellv. Lagerkommandanten von „Dora", SS-Hstuf. Franz Hössler, aus „Dora" und den Außenlagern evakuiert wurden.[33] Waren doch seit Ende 1944 die Belegungszahlen durch eintreffende Evakuierungstransporte kontinuierlich angestiegen. So hatten bis März 1945 16 000 Häftlinge, einschließlich Frauen und Kinder aus den Lagern Auschwitz und Groß-Rosen Nordhausen erreicht. Mit ihnen wuchs die Zahl der Häftlinge, die seit August 1943 in das Lager gebracht wurden, bis Ende März 1945 auf zirka 60 000 an. Stark geschwächt durch die Transporte starben alleine von Januar bis April 1945 6000 Häftlinge an Krankheiten und Unterernährung. Die Hälfte davon in der Boelcke-Kaserne, die auf Grund der Überbelegung des Hauptlagers durch die SS Anfang 1945 zum Sterbelager umfunktioniert worden war. Wie viele während der gesamten Lagerzeit umkamen, ist nicht belegt. Laut Schätzungen der Gedenkstätte muss man einschließlich der 1300 Toten des Luftangriffs in der Boelcke-Kaserne von mindestens 20 000 Toten ausgehen. Anfang April 1945 hatte man dann mit der Räumung der Außenlager begonnen. In eilig organisierten Güter- und Viehwaggons wurde mit dem Abtransport in Richtung der KZ Bergen-Belsen, Sachsenhausen und Ravensbrück begonnen. Züge mit Tausenden von Häftlingen verließen so bis zum 6. April 1945 den Südharz. Doch die Kapazitäten reichten in vielen Fällen nicht aus. Auch verhinderten die ständigen alliierten Luftangriffe auf die Eisenbahnstrecken in mehreren Abschnitten einen Abtransport mit der Bahn. So wurden weitere Tausende von Häftlingen auf Todesmärsche zu Fuß durch den Harz in Richtung Nordosten und durch die Goldene Aue geschickt. Wer nicht mithalten konnte, wurde von den Wachmannschaften am Wegesrand erschossen. Die Gräber der Opfer dieser Todesmärsche kennzeichnen noch heute den Weg der Elendskolonnen. Eines der schlimmsten Massaker auf der Evakuierungsmärschen wurde dabei von SS-Angehörigen, Wehrmachtsoldaten und Volkssturmmänner bei Gardelegen verübt. 1000 Häftlinge aus den Lagern Mittelbau-Dora und Neuengamme wurden in einer, in Brand gesteckten, Feldscheune ermordet. Die genaue Anzahl der Opfer der Transporten und Todesmärschen des KZ Mittelbau konnte nicht ermittelt werden. Schätzungen der Gedenkstätte gehen von bis zu 8000 Toten aus. Die Masse der Überlebenden der Märsche werden später im KZ Bergen-Belsen befreit. Für andere, die weniger Glück hatten, endet das Martyrium erst in Mecklenburg und Österreich. Doch nicht alle können evakuiert werden.[34] So bleiben im Lager Dora und in der Boelcke-Kaserne zirka 600 bis 700 kranke KZ-Häftlinge zurück, die man ihrem Schicksal überlässt.[35]

Gedenktafel zur Erinnerung an die Todesmärsche des KZ Mittelbau-Dora in Buchholz bei Nordhausen
Foto: Jürgen Möller, 2009

Opfer des Massakers an Häftlingen eines Evakuierungsmarsches des KZ Mittelbau-Dora in der Isenschnibber Feldscheune bei Gardelegen Foto: National Archives, SC-204681

Am **Freitag, dem 6. April 1945**, stößt im Bereich der 1st US Army die 3rd US AD des VII. US Corps mit dem unterstellten RCT 414 auf ihrer linken Seite auf entschlossenen Widerstand, als sie sich der Weser nähert. Das V. US Corps erreicht die Weser und sichert Brückenköpfe bei Veckerhagen und am Zusammenfluss der Flüsse Werra, Weser und Fulda bei Hann.Münden. Damit erreichen im Tagesverlauf die amerikanischen Truppen die gesamte Werra-Linie im Korpsabschnitt. Im Bereich des XX. US Corps der 3rd US Army beendet die 6th US AD im Zusammenwirken mit der 65th US InfDiv des VIII. US Corp die Einnahme von Langensalza. Die 80th US InfDiv beginnt mit der Verlegung aus dem Raum Kassel nach Gotha. Die 3rd CavGp versammelt sich südlich von Kassel und das V. US Corps übernimmt den Abschnitt. Somit haben alle Kräfte der 3rd US Army die Haltelinie Mühlhausen --Langensalza - Gotha - Oberhof, erreicht.

Am selben Tag tritt die Neuregelung der Befehlsverhältnisse im Westen durch das OKW in Kraft. Die H.Gr. H, die seit Tagen keine ständige Verbindung zum OB West hatte, scheidet aus der Unterstellung unter den OB West aus und wird unter Umbenennung in OB Nordwest dem OKW direkt unterstellt. Holland wird durch Führerbefehl zur Festung erklärt. Der bisherige Oberbefehlshaber der H.Gr. H, Gen.Obst. Blaskowitz, wird zum Oberbefehlshaber Holland ernannt. Nördlich der 11. Armee erhält die Armeegruppe Student den Auftrag, *„eine Weser-Verteidigung zwischen Bremen und Hameln zu organisieren"*.[36] Das Stellv. Gen.Kdo. VI. AK, das bisher der H.Gr. H unterstand, wird jetzt der 11. Armee unterstellt. Damit verläuft die neue Grenze zwischen der 11. Armee und dem Abschnitt des OB Nordwest von Hameln über Braunschweig bis zur Elbe bei Magdeburg.

Am **Samstag, dem 7. April 1945**, setzt das V. US Corps von Maj.Gen. Clearance R. Huebner seine Bewegung über die Weser bei Veckerhagen und die Werra bei Hann.Münden fort und geht weiter Richtung Dransfeld und Witzenhausen. Seine 2nd US InfDiv erobert einen Brückenkopf über die Weser bei Dransfeld und die 69th US InfDiv stößt entlang der Werra von Hann.Münden nach Witzenhausen und erobert einen Brückenkopf über die Werra. Ein Tag später versammelt sich auch die 9th US AD unter Maj.Gen. John W. Leonard dieses Corps östlich der Weser, um als Spitze des V. US Corps in den Raum südlich von Nordhausen vorzustoßen.

Im Bereich des XX. US Corps der 3rd US Army verteidigt die 6th US AD ihre Positionen im Raum Mühlhausen. Die 76th US InfDiv setzt die Säuberung des Gebietes westlich der Werra fort. Teile des Corps wehren gemeinsam mit Kräften des VIII. US Corps den Gegenangriff der K.Gr. Worgitzki westlich von Mühlhausen, bei Struth, ab und gehen dann nach Nordwesten vor, um das Gebiet zu säubern.

Am Abend trifft Gen. Lucht nach seiner Genesung auf dem Gefechtsstand des AOK 11 ein, der v nach Gillersheim, nordöstlich von Göttingen verlegt hat, und übernimmt das Kommando über die 11. Armee.

Am **Sonntag, dem 8. April 1945**, erteilt am Abend das VII. US Corps der 3rd US AD den Befehl, am nächsten Tag ab 14.00 Uhr (B) durch die Reihen der Infanteriedivisionen gehen und den Angriff auf den befohlenen Routen nach Osten anführen. Die 104th US InfDiv erhält den Befehl, den Panzern zu folgen und den Anschluss mit dem RCT 413 an die 1st US InfDiv nach Norden und mit dem RCT 415 an die 2nd US InfDiv nach Süden zu halten. Die TF Laundon soll in der Div.Res. folgen. Im Bereich des V. US Corps beendet die 2nd US InfDiv ihre Weser-Überquerung und rückt zehn Meilen nach Osten vor. Die „offene Stadt" Göttingen wird durch das RCT 23 besetzt und der Vormarsch nach Südosten fortgesetzt. Die 69th US InfDiv säubert mit dem RCT 273 den Raum Hann.Münden und das RCT 272 beendet den Werra-Übergang. Dann rückt sie zur Leine vor und errichtet einen Brückenkopf über den Fluss. Die 9th US AD folgt den Infanteriedivisionen aus ihrem Versammlungsraum östlich der Weser.

In Thüringen hält das XX. Corps der 3rd US Army weiter im Raum Mühlhausen und setzt die Räumung der Region nördlich und nordöstlich von Eschwege fort. Seine 80th US InfDiv beginnt aus dem Raum Gotha mit dem Vordrücken der Frontlinie nach Osten in Richtung Erfurt. Die 6th US AD hält ihre Front von Langensalza im Süden, über Schlotheim bis nach Keula, sowie im Westen einschließlich Dingelstädt. Die 76th und 80th US InfDiv, die entlang der Südflanke eintreffen, übernehmen am späten Nachmittag die Front bei Langensalza.

Für die deutschen Truppen, die sich Richtung Nordthüringen und Harz zurückziehen, wird der 8. April 1945 zum Schicksalstag. Oberst Estor schreibt:
„Während der Nacht treffen mehrere Befehle des OB West beim AOK ein.
- *Harz ist als „Festung" durch Geländeverstärkungen aller Art auszubauen, da vorgesehen als Versammlungsraum und Operationsbasis für die, in der Neuaufstellung befindliche 12. Armee. Um hierzu Zeit zu gewinnen, ist der Leine-Abschnitt unter allen Umständen zu verteidigen.*
- *Im Harz ist ein Kampfkommandant einzusetzen, der einheitlichen Ausbau sicherstellt und die dort in Massen befindlichen Versprengten einheitlich zusammenfasst.*
- *Armee-Abschnitt wird ausgedehnt bis zu Linie Jena – Weimar – Erfurt. K.Kdt. Erfurt, Weimar und Jena werden der Armee unterstellt."*[37]

Auch wenn der Harz nie wirklich zur Festung erklärt wurde, was in dem Buch „Der Kampf um den Harz" ausführlich dargestellt wurde, so bedeutete der Befehl des OKW dennoch für die Truppen der 11. Armee, dass es für sie keinen weiteren Rückzug geben würde, was gleichzusetzen war mit Tod oder Gefangenschaft.

Nach dem Krieg wird neben der geografischen Bedeutung des Harzes als Aufmarschgebiet für die 12. Armee auch immer wieder die Bedeutung des Harzes als Rüstungszentrum und Auslagerungsort für diverse Reichsministerien und Ämter als Grund für das Entstehen der „Festung Harz" aufgeführt. In diesem „Schutzraum Harz" befindet sich im Frühjahr 1945 tatsächlich eine hohe Konzentration an derartigen Einrichtungen. Ich möchte hier nur einige der wichtigsten nennen, ohne näher darauf einzugehen, da dies sonst den Rahmen dieser Dokumentation sprengen würde. Durch die alliierte Lufthoheit über Deutschland sah sich die deutsche Führung Mitte 1943 gezwungen, nach Möglichkeiten zu suchen, um wichtige Produktionsstätten den direkten Angriffen der alliierten Bomberverbände zu entziehen. Hierfür boten sich die natürlichen Gipshöhlen und die Kaliwerke Nordthüringens sowie diverse Bergbaustätten im Harz und dessen Umland geradezu an. Eine der bedeutendsten Einrichtungen der Rüstungsindustrie war das, nach dem britischen Bombenangriff in der Nacht vom 17. zum 18. August 1943 auf die Heeresversuchsanstalt Peenemünde in die Stollen des Kohnstein bei Niedersachswerfen verlagerte, Werk zur Produktion der A 4 (V-2)-Raketen und Strahltriebwerken.

Oben: Eingang zum Fahrstollen B an der Südseite des Kohnsteins nach der Befreiung
Unten: Amerikanische Soldaten im Eingang zum Fahrstollen A, davor Bauteile der V-1-Rakete
Fotos: USHMM Photo Archives, oben W/S #01276 / unten W/S #66285 (NARA 111-SC-282447)

Eingang zum Fahrstollen A, heute Besuchereingang zur Stollenanlage der Gedenkstätte
Fotos: Jürgen Möller, 2008, Genehmigung für Foto- u. Dreharbeiten v. 14.11.2008

Die Stollen des Kohnstein, in denen sich bis 1943 eines der größten Kraftstofflager des Dritten Reiches befand, waren im Juli 1943 auf direkten Befehl Hitlers von der WIFO (Wirtschaftliche Forschungsgesellschaft) für die V-2-Produktion abgetreten worden und gingen mit der Gründung der Mittelwerk GmbH im September 1943 unter deren Führung.[38] Hier wurde im Januar 1944 begonnen, neben der unbemannten Flügelbombe V-1 die neue A-4-Rakete zu bauen, die ab September 1944 unter der Bezeichnung V-2 gegen England zum Einsatz kommt. Als sich die Front im Frühjahr 1945 immer weiter von Westen in das Herz Deutschlands schob, versuchte man die V-2 von mobilen Startrampen im mitteldeutschen Raum einzusetzen. Aber es kam nicht mehr dazu. In der Hainleite und im Harz fallen den Amerikanern mehrere fahrbare Abschussrampen und Spezialtransportfahrzeuge in die Hand.[39]

Auch andere kriegswichtige Produktionseinrichtungen fanden im Kohnstein und der unmittelbaren Umgebung Schutz. So entschied Hitler im Frühjahr 1944, dass neben der V-Waffen-Produktion auch Teile des Jägerprogrammes in die unterirdischen Anlagen des Kohnstein zu verbringen sind. Ab April 1944 begannen die Junkers-Werke mit der Verlagerung ihrer Motorenwerke aus Magdeburg, Köthen und Leipzig und kurz darauf liefen die ersten Strahltriebwerke für die neuen Düsenjäger vom Band.[40]

Mit dem Umzug der Heeresversuchsanstalt Peenemünde kam auch das Flakversuchskommando Nord aus Karlshagen bei Peenemünde in den Raum Nordhausen. Dort hatte man 1942 mit der Entwicklung von Flugabwehrraketen begonnen und 1944 die Flugabwehrrakete C 2 „Wasserfall“ entwickelt, zu deren serienmäßigen Produktion es jedoch nicht mehr kommen sollte. Die Elektromechanischen Werke GmbH (EW) Karlshagen bei Peenemünde, die die Flüssigkeitsraketentriebwerke für die „Wasserfall“ entwickelt hatten, erprobten am 30. März 1945 erstmals im Hegersbach unterhalb des Poppenberges bei Ilfeld-Wiegersdorf ihre neuentwickelte Klein-Flugabwehrrakete „Taifun“, die aus einem Mehrfachwerfer abgeschossen, die feindlichen Bomberverbände vom Himmel holen soll. Doch auch sie kommt über das Entwicklungsstadium nicht hinaus.[41]

Im März 1945 befanden sich gemäß Bornemann folgende Einrichtungen der Mittelwerk GmbH im Raum Ilfeld[42]:

- *Direktion und Verwaltung in der N.P.E.A. Ilfeld*
- *Werk I zur Produktion von V-2-Raketen im Kohnstein*
- *Werk II zur Produktion von V-1-Raketen und Flugabwehrraketen „Taifun“ im Kohnstein*
- *Werk III zur Erzeugung von Flüssigsauerstoff und Treibstoff im Kohnstein*
- *Werk IV zum Bau des „Volksjägers“ im Kohnstein und der Papierfabrik Ilfeld*

In der unmittelbaren Nähe des Kohnsteins, in Bad Sachsa, war ab Februar 1945 der Arbeitsstab Dornberger des Reichsministeriums für Rüstung und Kriegsproduktion unter Führung von Gen.Maj. Walter Dornberger mit 450 Mitarbeitern aus Peenemünde untergekommen. Dornberger untersteht neben dem Reichsrüstungsminister Speer dem, von Göring zum „Sonderbeauftragten für die Durchführung der Forderung bezüglich Entwicklung, Beschaffung und Industrieerprobung auf dem Gebiet der Kampfmittel mit Raketenantrieb“ und Inspekteur über alle Raketeneinheiten der Luftwaffe ernannten, SS-Gruf. Dr. Hans Kammler.[43] Wernher von Braun, der deutsche Raketenpionier, residierte seit März 1945 in seinem Wohn- und Arbeitszug, dem sogenannten „Vergeltungsexpress“, auf dem Gelände des Kaliwerks Bleiche-rode. In den unterirdischen Schächten lagern zwischen Unmengen an Bekleidung der Luftwaffe die Peenemünder Akten.[44] Auf dem Gelände der Schächte Neu-Bleicherode und Sollstedt fanden Laboratorien und Forschungsstätten Schutz.[45] In Osterode baute die Firma Curt Heber Maschinen-Apparate-Fabrik (HEMAF) die von ihnen im Auftrag des Reichsluftfahrtministeriums entwickelte Luft-Luft-Rakete R4/M „Orkan“ zur Bekämpfung alliierter Bomber aus der Luft. Sie soll die Hauptwaffe der neu entwickelten Jäger Me-262 und Me-163 bilden.[46] In Rübeland war der Sonderausschuss z.b.V. des Reichsministeriums für Rüstung und Kriegsproduktion eingezogen, der nach der Gründung der Mittelwerk GmbH seinen ersten Sitz in der N.P.E.A. Ilfeld hatte. In der Aufbauschule für Lehrerbildungshochschulen in Blankenburg residierte von Februar bis März 1945 der Stellvertretende Reichsrüstungsminister und Geschäftsführende Leiter des März 1944 gegründeten Jägerstabes Dipl.-Ing. Karl Otto Saur, der im Februar 1945 von Berlin hierher umgezogen war. Am 5. März 1945 zog Saur in die Stollen des Kohnstein um.[47] Sein Stab ging in die nahegelegenen Stollen im Mühlberg, die bisher der Bevölkerung als Luftschutzbunker dienten.[48] In Clausthal-Zellerfeld befindet sich neben dem Oberbergamt, dem die Bergamtliche Sonderstelle Ilfeld für Verlagerungsbauvorhaben[49] untersteht, auch eine Dienststelle des Reichsluftfahrtsministeriums und die drittgrößte Munitionsanstalt des Dritten Reiches, das Werk Tanne zur Herstellung von TNT Sprengstoff. In Blankenburg hatte das Ingenieur-Büro Glückauf der AG Weser seinen Sitz.[50]

Antriebsaggregate für V-2-Raketen stehen bereit für den Abtransport..
Foto: USHMM Photo Archives, W/S #62981 aus dem Besitz von Georg Leisz, Co. C, 47th AIB

Verrostete Triebwerksteile in der Besucherstollenanlage der Gedenkstätte
Fotos: Jürgen Möller, 2008, Genehmigung für Foto- u. Dreharbeiten v. 14.11.2008

Oben: Raketenteile der V-2-Rakete liegen in Antwerpen bereit für den Abtransport in die USA
Unten: Raketenkörper einer V-2 auf den Gleisen der Kleinbahn vor einem der Fahrstollen
Fotos: USHMM Photo Archives, oben W/S #01279 / unten W/S #62980 aus dem Besitz von Georg Leisz, Co. C, 47th AIB

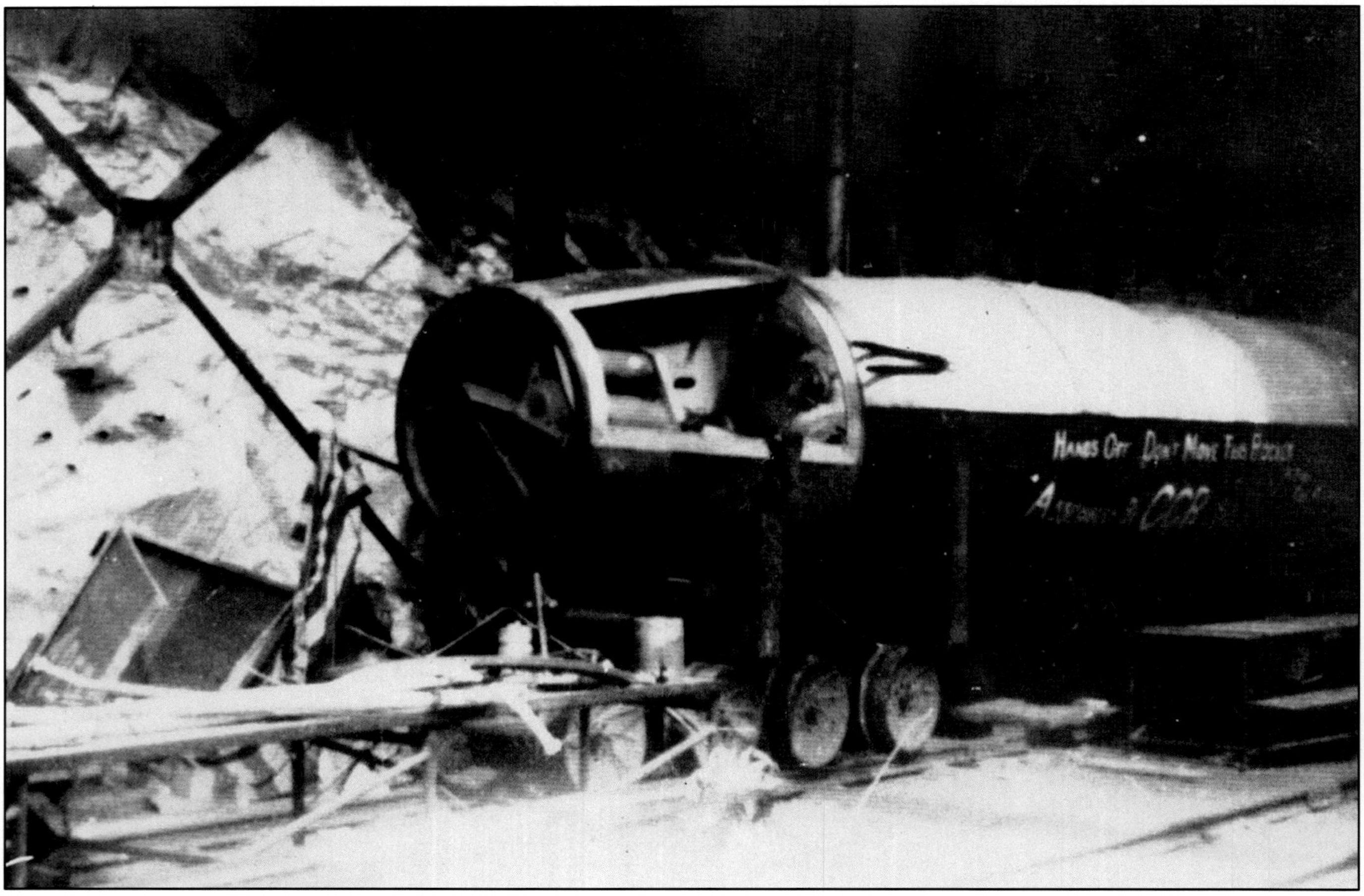

Oben: V-2-Rakete bereit für den Abtransport auf einem Eisenbahnwaggon
Unten: Amerikanische Soldaten besichtigen V-1-Raketen auf der Montagestrecke im Stollen
Fotos: USHMM Photo Archives, oben W/S #21336 / unten Bestand National Archives

V-2-Rakete auf Waggons im Eingang eines Tunnels, aufgenommen von 1st Lt. William Bostwick Curtis III, OSS
Fotos: USHMM Photo Archives, oben W/S #54668 / unten W/S #54667

Hier entstehen die Baupläne für den neuen U-Boot-Typ XXI der Kriegsmarine. Boote dieser Klasse erreichten eine, für damalige Zeit, revolutionäre Tauchtiefe von bis zu 270 Metern und wurden auf Grund ihres neuartigen Elektroantriebs als Elektro-U-Boote bezeichnet.[51]

Doch Anfang April 1945 hat sich die Lage grundlegend verändert, denn zu diesem Zeitpunkt hat sich die Masse der Ämter und Stäbe bereits Richtung Süddeutschland abgesetzt. Die Produktion ist zum Erliegen gekommen. In Niedersachswerfen und Ilfeld wird am 2. April mit den Vorbereitungen für die Räumung begonnen.[52] Der Arbeitsstab Dornberger und die Wissenschaftler um Wernher von Braun erhalten vom Abwehrbeauftragten für die V-Waffen-Produktion, SS-Ostubaf. Helmut Bischoff am 4. April den Befehl, nach Oberammergau in Oberbayern abzurücken, und verlassen mit dem „Vergeltungsexpress" am Abend des 5. April 1945 Bleicherode.[53] Die anderen Stäbe und Teile der Verwaltung der Mittelwerk GmbH folgen, nachdem am 6. April ein Beauftragter des Rüstungsministeriums in Ilfeld erscheint und die Sicherstellung aller V-2-Unterlagen und die Evakuierung der leitenden Mitarbeiter fordert. Aber nicht alle Mitarbeiter folgen diesem Befehl und harren vor Ort in Erwartung der Amerikaner aus. Auch nicht alle Unterlagen werden abtransportiert oder vernichtet und fallen später in die Hände der Amerikaner und Briten. 25 Kisten werden aus der Verwaltung der Mittelwerk GmbH in der N.P.E.A. Ilfeld in einen Seitenstollen des Alabasterstollens verbracht und der Zugang anschließend zugesprengt.[54] Auch an anderer Stelle wird ähnlich verfahren Während das Ingenieur-Büro Glückauf nach seiner Schließung am 12. April 1945 einen Großteil der technischen Zeichnungen auf dem Schulhof der Blankenburger Mädchen-Oberschule[55] verbrennt, bleiben die Akten des WFSt in der Blankenburger Schlosskaserne unberührt und werden nach der Übernahme der Besatzungsverantwortung durch die Briten von diesen nach London gebracht.[56]

Die Evakuierung der Stäbe und wesentlicher Teile der Rüstungsindustrie aus dem Harzraum Anfang April und die annähernd gleichzeitige Ernennung von SS-Gruf. Kammler als Verantwortlichen für die Verteidigung des Raumes Nordhausen zur Sicherung der dortigen Rüstungsproduktion zeigt deutlich die Diskrepanz zwischen den verschiedenen, konkurrierenden Führungsebenen und Einrichtungen des Dritten Reiches. Während die einen nachwievor die unbedingte Verteidigung des Harzes fordern, um die Rüstungsproduktion als Garant der Weiterführung des Krieges zu sichern, denken andere längst an die Zeit nach der erwarteten Niederlage und versuchen sich und ihre Unterlagen in Sicherheit zu bringen bzw. die Spuren ihrer Verbrechen zu beseitigen. Besonders deutlich wird das beim „Rüstungskonvent zur militärischen Sicherung der Rüstungsbetriebe und Forschungseinrichtungen im Mittelraum", der am 4. April 1945 beim Sonderausschuss z.b.V. in Rübeland unter Leitung des Chefs des Rüstungsstabs, Dipl.-Ing. Karl Otto Saur stattfindet. Saur, der nach Minister Speer der zweitmächtigste Mann im Rüstungsministerium ist, fordert unmissverständlich von den Vertretern der Mittelwerk GmbH die unbedingte Fortsetzung der Produktion und droht ihnen bei Nichtdurchführung mit drastischen Konsequenzen. Doch dort läuft bereits die, vom Reichsführer SS Himmler angeordnete, Evakuierung der KZ-Häftlinge aus den Außen- und Nebenlagern des KZ Buchenwald, was eine Produktion unmöglich macht. *„Vom 4. Bis 7. April 1945 wurden alle Lager geräumt; die Häftlinge von ‚Dora', Ellrich, Woffleben und die Kranken aus Harzungen wurden per Eisenbahn in Richtung Norddeutschland verschickt (Bergen-Belsen, Sachsenhausen, Ravensbrück), die Häftlinge aus Harzungen, Rottleberode, Ilfeld und aus den Lagern BB3 und BB4 zu Fuß nach Norden und Osten. Dabei starben viele, teils vor Erschöpfung, teils wurden sie von SS-Aufsehern erschossen."*[57] Die letzten Wissenschaftler sitzen längst auf den gepackten Koffern. Somit verhallen Saurs Drohungen ohne Wirkung.[58]

Doch betrachten wir weiter die Geschehnisse an jenem 8. April 1945. Nach dem Erhalt der neuen Aufgaben verlegt Gen. Lucht seinen Gefechtsstand in das Forsthaus Riefensbeek, nordöstlich von Osterode. Dorthin hat sich auch der Gauleiter von Südhannover-Braunschweig, Hartmann Lauterbacher, zurückgezogen. Der ist in seiner Funktion als Reichsverteidigungskommissar des Gaues Oberster Befehlshaber des Volkssturms und für die örtliche Verteidigung zuständig. Er und die Gauleiter der Nachbargaue Halle-Merseburg, Eggeling, und Sauckel für Thüringen hatten sich um den 5. April herum im Haus des Gauleiters von Magdeburg-Anhalt, Rudolf Jordan, in Schierke getroffen, um über die Verteidigung des Harzes zu beraten. Anwesend war auch der Hauptbereichsleiter Helmut Friedrichs von der Parteikanzlei in Berlin sowie Offiziere aus dem Stab des OB West. Dabei waren die Versammelten zu der Erkenntnis gekommen, dass eine Verteidigung wegen der zu erwartenden Auswirkungen auf die Bevölkerung keinen Sinn macht. Der Harz kann und darf nicht verteidigt werden. Diese Entschließung übermitteln sie dem OB West, der sie annimmt, obwohl er fest von der Notwendigkeit des Haltens des Harzes überzeugt ist. Da sich jedoch die Entschließung der Gauleiter bis zum Ende der Kämpfe im Harz nicht in der Befehlsgebung des OB West wiederspiegelt, hatte Kesselring sie wohl nur deshalb angenommen, wie Bornemann schreibt, *„um sich in dieser schwierigen Lage nicht auch noch mit den Reichsverteidigungskommissaren auseinandersetzen zu müssen.“*[59]

General Hitzfeld übernimmt nach der Abgabe des Befehls über die 11. Armee am Mittag in Bad Lauterberg wieder das Kommando über das LXVII.AK, dessen Gefechtsstand sich noch immer in Reinhausen befindet, und verlegt ihn nach Osterode. Nach der Abgabe des Kommandos über das LXVII. AK fährt Fretter-Pico nach Stolberg im Harz zum Stab des W.Kr. IX, wo er um 24.00 Uhr den Befehl des AOK 11 erhält, erneut einen Führungsstab Stellv. Gen.Kdo. IX. AK zu bilden und das Kommando über die, bisher dem LXVII.AK unterstellten, Truppen an der Südwestfront des Harzes zu übernehmen. Parallel hierzu behält Fretter-Pico das Kommando über den W.Kr. IX mit dem Stab in Stolberg. Der Fü.Stab Stellv. Gen.Kdo. IX. AK geht nach Bad Lauterberg[60]

Mit dem Erreichen der Flüsse Weser und Werra haben die, von der Zerschlagung des „Ruhrkessels“ entbundenen, Corps der 1st US Army am 7. April 1945 das letzte größere natürliche Hindernis vor dem entscheidenden Stoß ins Herz Deutschlands erreicht. Damit nähert sich der, von General Patton sehnsüchtig erwartete, Moment, seine, in Thüringen haltende, 3rd US Army wieder in Bewegung zu setzen. Doch noch hat die Front der 1st US Army nicht aufgeschlossen. Die deutschen Truppen zwischen Harz und Thüringer Wald erhalten nach dem fehlgeschlagenen Angriff bei Struth eine letzte Gnadenfrist.

Ein amerikanischer Soldaten inspiziert am 10. April 1945 Waggons mit V-2 Teilen bei Kleinbodungen, die nicht mehr rechtzeitig abtransportiert werden konnten und vor Eintreffen der Amerikaner zerstört wurden. Foto: USHMM Photo Archives: W/S #49995

1 Gem. Bornemann „Die letzten Tage der Festung Harz“ fuhr der Zug nach Blankenburg im Harz und wurde wahrscheinlich zwischen Elbingerode und Drei-Annen-Hohne im Wald abgestellt.

2 Otto Maximilian Hitzfeld „Ein Infanterist in zwei Weltkriegen“, Biblio Verlag, Osnabrück 1983. S. 152.

3 Das Stellv. VI. AK wird erst am 04.04.45 endgültig der 11. Armee unterstellt.

4 NARA, B-581, Oberst Estor.

5 BA-MA, ZA 1/660, B-309, Gen.d.Inf. Hitzfeld.

6 „Nordhausen unter dem Sternenbanner“ v. Dr. Peter Kuhlbrodt, Schriftenreihe heimatgeschichtlicher Forschungen des Stadtarchivs Nordhausen, Nr. 7, 1995, S. 5.

7 Unter dem Begriff Ordnungspolizei waren ab 1942 die Schutzpolizei, die Gemeindepolizei (Gendarmerie), die Wasserschutzpolizei, die Feuerschutzpolizei, die Luftschutzpolizei, die Technische Nothilfe und die Freiwilligen Feuerwehren zusammengefasst.

8 „Nordhausen unter dem Sternenbanner“, S. 5. und 40-41.

9 Ebenda. S. 5.

10 „Die Zerstörung Nordhausens und das Kriegsende im Kreis Grafschaft Hohenstein 1945“ v. Dr. Manfred Schröter, Beiträge zur Heimatkunde, Sonderausgabe 1988, S. 10. Siehe auch „Auf Spurensuche“, S. 21.

11 Brief des Bürgermeisters von Berga a. Kyffhäuser an den Landrat des Kreises Sangerhausen. Kopie des Briefes aus Sammlung Ziegler, Sangerhausen. Vgl. „Auf Spurensuche“, S. 21.

12 „Die Zerstörung Nordhausens und das Kriegsende im Kreis Grafschaft Hohenstein 1945“ v. Dr. Manfred Schröter, Beiträge zur Heimatkunde, Sonderausgabe 1988, S. 10-12. Vier weitere Opfer, darunter ein Ostarbeiter, wurden extra bestattet.

13 „Die Zerstörung Nordhausens...“, S. 16-17.

14 „Nordhausen unter dem Sternenbanner“, S. 5.

15 Ebenda, S. 18.

16 „Aus Spurensuche“, S. 30-32.

17 “US Army in World War II – The E.T.O. - The last offensive”, Kapitel XVII „Sweep to the Elbe“ v. Charles B. Mac Donald, 1993, S. 379.

18 KTB des OKW 1944-1945, Teilband 2, S. 1225.

19 „Auf Spurensuche 1939-1945“ v. Thilo Ziegler, S. 57.

20 Ebenda.

21 Vgl. „Die Zerstörung Nordhausens...“, S. 57.

22 Ebenda, S. 27.

23 Dr. med. Weidemann berichtet von einem Oberst, der Kommandeur der dortigen Wehrmachtseinheit war. So schreibt es auch Dr. Schröter. Hier liegt aber wahrscheinlich eine Verwechselung vor, denn Groß war Major. In verschiedenen Quellen wird der Name „Gros“ oder „Gross“ verwendet. Fretter-Pico schreibt „Maj. Gros“.

24 „Nordhausen unter dem Sternenbanner“, S. 6-7. Vgl. „Die Zerstörung Nordhausens...“, S. 30/31.

25 Bornemann schreibt „Hirt“ und Dr. Schröter „Hirl“.

26 „Die Zerstörung Nordhausens...“, S. 22/23 und 30.

27 Ebenda. S. 27/28.

28 Ebenda. S. 26/27.

29 Dr. Kuhlbrodt auf der Webseite der Stadt Nordhausen www.nordhausen.de, Stand Februar 2011. Vgl. Dr. Schröter S. 59/60 und Bornemann „Schicksalstage im Harz“.

30 Langensalza wurde erst am 28. Juni 1956 der Titel „Bad“ verliehen.

31 Zitat aus dem Funkspruch, entnommen dem Buch „Nordhausen im Bombervisier“ v. Dr. Geiger, S. 195.

32 „Schicksalstage im Harz“ v. M. Bornemann.

33 „Damals und heute – Nordhausen“, S. 34.

34 Historischer Überblick, Gedenkstätte Mittelbau-Dora, www,buchenwald.de.

35 „Schicksalstage im Harz“ v. M. Bornemann.

36 NARA, B-414, Oberst i.G. Geyer.

37 NARA, B-581, Oberst Estor.

38 „Damals und heute – Nordhausen“, aus der Reihe „After the Battle“, Heft 101, 1998, S. 4ff.

39 „Die Zerstörung Nordhausens...“, S. 5.

40 „Damals und heute – Nordhausen“, S. 21-26.

41 www.luftwaffen-projekte.de. Vgl. „Die Zerstörung Nordhausens...“„ S. 5, Angaben zur Erprobung der „Taifun“ und Bornemann „Zwanzig Tage im April…“.

42 „Zwanzig Tage im April…“ v. M. Bornemann.

43 „Die Illusion der Wunderwaffen“ v. Ralf Schabel, Verlag Oldenbourg, Ausgabe Februar 1994, S. 279.

44 Entwicklungs- und Produktionsunterlagen. Aus dem Buch „Raketenschmieden und KZ-Außenkommandos im Eichsfeld und Südharz 1944–1945“ v. Joachim Bornschein, Wart-burg Verlag Weimar, 1. Auflage 2003. Vgl. „Nordhausen unter dem Sternenbanner“, S. 3.

45 „Damals und heute – Nordhausen“, S. 33.

46 Wikipedia-Eintrag „R4M“ Januar 2011.

47 „Damals und heute – Nordhausen“, S. 20/21 und 33.

48 Ebenda, S. 34.

49 BA-MA, R 3101/31172.

50 „Die letzten Tage in der Festung Harz“ v. M. Bornemann, S. 8/9. Vgl. auch www.Die-Feldpost-2-Weltkrieg.org.

51 „Ingenieurbüro konstruiert 1944 neue U-Boot-Generation“ v. Gerhard Simon auf www.arge-deutsche-geschichte.de.

52 „Zwanzig Tage im April…“

53 „Die Zerstörung Nordhausens...“, S. 29. Vgl. „Damals und heute – Nordhausen“, S. 34.

54 „Zwanzig Tage im April…“

55 „Ingenieurbüro konstruiert 1944 neue U-Boot-Generation“ v. Gerhard Simon auf www.arge-deutsche-geschichte.de.

56 Gem. dem KTB des OKW, Teilband 2, S. 1825–1826 wurde das „Blankenburger Depot“ von den Briten unversehrt in Blankenburg erbeutet und nach London abtransportiert.

57 „Damals und heute – Nordhausen“, S. 34/35.

58 „Die letzten Tage in der Festung Harz“ v. Manfred Bornemann, Fiepersche Druckerei Clausthal-Zellerfeld. 5. Auflage 1990, S. 9/10.

59 Ebenda, S. 10/11 und 21-23.

60 BA-MA ZA 1/921, B-569, Fretter-Pico.

Am **Montag, dem 9. April 1945**, beginnen im Abschnitt der 1st US Army die Corps auf Grundlage der Direktiven vom Vortag mit dem entscheidenden Angriff zur Elbe und Mulde. In der Zone des VII. US Corps geht die 3rd US AD durch den Infanterie-Brückenkopf über die Weser. Der Plan sieht vor, dass ihr CCR an der Spitze der Division in der Nacht die Weser im Abschnitt der 2nd US InfDiv überquert und mit zwei Kolonnen nach Norden auf Hardegsen und Northeim stößt. Das CCB, dass durch die 1st US InfDiv abgelöst wird, überquert die Weser bei Gieselwerder und versammelt sich bei Offensen. Wenn das CCR erfolgreich nach Norden vorankommt, stößt das CCB durch den eroberten Raum, überquert die Leine nördlich von Göttingen mit zwei Kolonnen und greift nach Osten auf Duderstadt an. Dem CCB folgt die TF Yeomans, 83rd Armd Rcn Bn. Das CCA, das die Weser in Beverungen überquert, folgt den beiden Combat Commands auf der Route 2 und 3. Maj.Gen. Hickey erhält den Befehl vom CG VII. US Corps, den Schwerpunkt des Angriffs auf das Blockieren der Südausgänge des Harzes zu richten und auf keinem Fall über Nordhausen hinaus anzugreifen, bis die Infanteriedivisionen nicht aufgeschlossen haben.

Beim V. US Corps bereitet sich die 9th US AD von Maj.Gen. John W. Leonard im Versammlungsraum Dransfeld – Hann.Münden auf den Angriff nach Osten vor. Der Angriff der Panzer soll mit allen drei Combat Commands nebeneinander erfolgen, dem CCB im Norden, dem CCA im Zentrum und dem CCR im Süden, und hat das Endziel, unter Umgehung von Leipzig, Brückenköpfe über die Mulde zu sichern. In der Zwischenzeit rücken die 2nd und 69th US InfDiv gegen leichten Widerstand nach Osten vor.

Südlich des V. US Corps nehmen im Bereich des XX. US Corps der 3rd US Army die Divisionen ihre Ausgangstellungen für den Großangriff zur alliierten Haltelinie ein. Die 3rd CavGp entlastet Elemente der 76th US InfDiv und 6th US AD an der Nordflanke. Die 6th US AD wird im Raum Mühlhausen entlastet und versammelt sich unter Belassung eines Sicherungsschleiers entlang der Linie Toba – Ebeleben - Abtsbessingen.

Durch den Vorstoß der amerikanischen Verbände wird die lückenhafte deutsche Front weiter zurückgedrückt. Beim LXVI. AK stößt die amerikanische Panzerkolonne auf Northeim vor und durchtrennt die Front Die linke Flanke der Truppen des Stellv. VI. AK wird entblößt[1] Im Tagesverlauf ist die Masse der beiden Korps zersprengt. Das LXVII. AK, dessen nördlicher Flügel sich auf Bad Lauterberg zu bewegt, verlegt mit dem Korpsgefechtsstand nach Osterode. Damit wird die Lücke zwischen 11. und 7. Armee immer größer.[2]

Nachdem dem AOK 11 bereits am Vormittag klar wird, dass die Leine-Verteidigung zusammengebrochen ist, ohne richtig zur Geltung gekommen zu sein, befiehlt Lucht auf Befehl Kesselrings die Neugliederung der Verteidigungsabschnitte und das Absetzen aller Truppen auf das Harz-Vorland. Das LXVII. AK übergibt am 9. April, seinen Abschnitt an das Gen.Kdo. Stellv. IX. AK und übernimmt nach Klärung der Missverständnisse betreffs der linken Abschnittsgrenze den linken Flügel der 11. Armee im Harz bis Ilfeld, links bis zur Linie Mühlhausen - Heldrungen - Querfurt[3] als Trennungslinie zur 7. Armee und bis zum Saale-Abschnitt im Rücken. Der Korpsgefechtsstand des LXVII. AK verlegt nach Steinthaleben[4] bei Sondershausen. Bei einer ersten Inspektionsreise durch den neuen, weitläufigen Abschnitt findet Gen.d.Inf. Hitzfeld jedoch nur schwache Kräfte vor. Dem LXVII. AK stehen die K.Gr. Obstlt. Friedrich Großkreutz im Raum Nordhausen, die K.Gr. Gen.Maj. Dipl.-Ing. Bernhard Heydenreich[5] im Raum Sondershausen - Bad Frankenhausen und die K.Gr. Oberst Ettner mit dem Na.Lehr.Rgt. der H.Na.S. I im Raum zwischen Sömmerda und Artern zur Verfügung.

Bei der Verteidigung des Harzes kommt der K.Gr. Großkreutz eine wesentliche Aufgabe zu. Sie soll den Abschnitt Ellrich bis Stolberg und damit die gebirgsüberquerende Reichstraße 81 verteidigen und nach dem Heranrücken der amerikanischen Truppen zurückweichende Resttruppen und Versprengte eingliedern, um die Südflanke des Harzes zu decken. Obstlt. Großkreutz hatte seit dem Spätherbst 1944 das Kommando über das in Ilfeld stationierte Sicherungsbataillon „Sperrkreis Mittelbau", welches den Kohnstein gegen luftgelandeten Feind schützen sollte.[6] Dem Bataillon, dass mit einigen leichten Panzern, Flakgeschützen, Flammenwerfern und schweren Maschinengewehren ausgerüstet ist, untersteht außerdem als „Eingreifreserve der SS" das „Sicherungskommando Groß" unter Maj. Groß.[7]

Gen. Fretter-Pico begibt sich von Stolberg auf den bisherigen Korpsgefechtsstand des LXVII. AK in der Oberförsterei östlich Bad Lauterberg und übernimmt mit dem neuaufgestellten Fü.Stab Stellv. IX. AK das Kommando über die Südwestfront des Harzes. Die rechte Grenze seines Korps zum LXVI. AK bildet die

Linie Hörden – Nörten und die linke Grenze zum LXVII. AK die Linie Bad Lauterberg – Duderstadt. Der Armeegefechtstand bleibt in Riefensbeek, nordöstlich Osterode. Nach dem Scheitern des Flankenstoßes der 11. Armee nach Süden verlässt der OB West mit seinem Sonderzug den Harz und richtet seinen Gefechtsstand hinter dem Zentrum der Verteidigungslinie seiner unterstellten Armeen im Raum Jena ein.

Am **Dienstag**, dem **10. April 1945**, beginnt für die 1st US Army die entscheidende Phase im Kampf um Nordthüringen. Im Bereich des VII. US Corps der 1st US Army setzt die 3rd US AD bei ungewöhnlich sonnigem und warmen Wetter ihren Vormarsch in vier Stoßkeilen Richtung Nordhausen fort. An der linken Flanke marschiert das CCR und an der Rechten das CCB. Das CCA folgt und drückt mit seinen zwei Task Forces auf den Südharz. Das 414th InfRgt der 104th US InfDiv bleibt der 3rd US AD unterstellt.

Das CCR startet um 07.52 Uhr (B) seinen Vormarsch mit der TF Hogan auf der Route 1 an der Linken und um 08.00 Uhr (B) mit der TF Richardson auf der Route 2 an der Rechten. Die TF Hogan besetzt Silkerode, Bockelnhagen und Weilrode. Die TF Richardson fährt über Rhumspringe nach Zwinge, wo sich die Task Force für die Nacht versammelt . Der CP des CCR entfaltet in Brochthausen. Hier erhält das CCR den Befehl, in Abänderung der bisherigen Befehle am nächsten Tag mit zwei Task Forces das Straßennetz Bartolfelde – Osterhagen – Punkt südöstlich von Bad Lauterberg und Bad Sachsa – Tettenborn – Branderode – Punkt südlich von Walkenried – Waldrand nördlich der Kranichteiche zu besetzen und zu sichern.

Truman E. Boudinot
Foto: National Archives

Das CCB der 3rd US AD unter Führung von Brig.Gen. Truman Everett Boudinot rückt auch an diesem Tag in zwei Kolonnen vor. Die Nordkolonne bildet die TF Welborn unter Col. John C. Welborn und die Südkolonne die TF Lovelady unter Col. William B. Lovelady. Dem CCB folgen weiter die Aufklärer von Lt.Col. Prentice E. Yeomans 83rd Armd Rcn Bn. Nach Kämpfen bei Trebra und Epschenrode rollt die TF Welborn über Gratzungen, auf das sie einige Granaten abfeuern, weiter nach Kehmstedt und Großwechsungen und erreicht in der Nacht Kleinwerther, westlich von Nordhausen, das von Vorauskräften bereits gegen 18.00 Uhr besetzt wurde.[8] Die TF Lovelady startet um 07.00 Uhr (B) und erreicht mit dem unterstellten 2./414 über Waake, Landolfshausen, Seulingen und Westerode den Westrand von Duderstadt. Ohne Halt fährt sie durch die Stadt. Südlich der Stadt schwenkt sie in einem Bogen nach Nordosten zur Straße Duderstadt - Bleicherode. Über Brehme, Holungen und Bischofferode geht es weiter Richtung Großbodungen. Nach einem kurzen Feuergefecht im Bereich der Schwarzburger Warte erreicht die Kolonne Großbodungen, wo sie Panzerfaustbeschuss erhält. Auch hier kommt es zu einem kurzen Feuergefecht.[9] Weiter geht es über Kleinbodungen, Lipprechterode und Oberdorf/Mitteldorf nach Pustleben[10], wo die Kolonne um 18.15 Uhr (B) gemeldet wird. In Wollersleben vermischt sie sich mit Teilen der 9th US AD und erreicht mit den Vorauskräften gegen 19.00 Uhr (B) Großwerther. Zwei Fußpatrouillen des 2./414 klären Richtung Nordhausen auf.[11] Während sich die TF Welborn bei Hesserode aufstellt, um von Westen in Nordhausen einzurücken und nach Salza vorzustoßen, erhält die TF Lovelady den Auftrag, sich für einen Schwenk über Steinbrücken – Sundhausen, von Süden hinein in die Stadt, aufzustellen. Die Masse des CCB versammelt sich auf der Höhe von Kleinwerther, um entlang der R 80 zum Zentrum vorzudringen.

Das CCA folgt den Kolonnen im Nordabschnitt zum Schutz der Nordflanke des Corps. Die Aufklärer des 83rd Armd Rcn Bn erreichen über Kleinbodungen, wo ein Platoon unter Führung von Lt. Duane Doherty in einem Kalischacht ein Reparaturwerk für V-2-Raketen der Mittelwerk GmbH entdeckt, den Ort Lipprechterode.[12] Dann endet auch hier der Tagesvormarsch der Division. Auf dem Div.CP registriert die G-1 Abteilung an diesem Tag 16 Gefallene.In der Nacht zum 11. April erhält die 104th US InfDiv den Befehl, am nächsten Tag hinter den Panzern bis hart östlich Nordhausen vorzurücken. Außerdem soll sie bis zum Eintreffen der 9th US InfDiv, die zwischen der 1st US InfDiv und der 104th US InfDiv für die Räumung des Harzes eingeführt werden soll, die linke Flanke des Corps entlang des Südharzes sichern und die Südharztäler blockieren. Noch in der Nacht wird das RCT 413 angewiesen, Straßensperren an den Verbindungsstraßen zwischen dem Divisionsabschnitt und dem Harz zu errichten.

Beim V. US Corps verlassen im Abschnitt des CCB, an der Linken der 9th US AD, um 06.15 Uhr (B) die Aufklärer Elliehausen, westlich von Göttingen, und beginnen mit der Erkundung der Marschroute des CCB aus dessen Versammlungsraum östlich von Hann.Münden nach Teistungen, wo sich die Ablauflinie für den Angriff des CCB befindet. Der Tp. A, 89th CavRcnSq passiert um 08.00 Uhr (B) die Ablauflinie und geht in Teistungen durch die vorderen Elemente der 2nd US InfDiv. Ab hier führen die Aufklärer die Kolonne des CCB an. Um 09.50 Uhr (B) erreichen die Aufklärer des Tp. A, 89th CavRcnSq das unverteidigte Worbis. Dann trifft die nachfolgende Kolonne der TF Prince, 52nd AIB, in der Stadt ein. Während die Panzerinfanteristen die Stadt durchsuchen, rücken die Aufklärer nach Kirchworbis vor. Dann geht es durch Breitenworbis Richtung Wülfingerode. Hinter Breitenworbis kommt die Kolonne zum Halten, denn die Aufklärer haben die Heeresmunitionsanstalt Bernterode/Krs. Worbis auf dem Gelände des ehemaligen Kaliwerks entdeckt. Dann geht es über Bernterode, Wülfingerode, Sollstedt, Obergebra, Niedergebra, Friedrichslohra, Münchenlohra nach Nohra. Da eine teilweise zerstörte Brücke die Kolonne behindert, schwenkt sie über Wollersleben zum Bahnhof Wolkramshausen. Von dort erfolgt der Vormarsch über Feldwege. Gegen 16.30 Uhr erreicht die Kolonne den Raum um Hain, südlich von Nordhausen. Gegen 17.30 Uhr rücken die ersten Panzer in Steinbrücken ein. Damit hat die Front den westlichen Rand des Landkreises Sangerhausen erreicht. Eine Gruppe von zirka acht Panzern überquert die R 4 Richtung Osten und erreicht um 18.30 Uhr Uthleben. Dann fühlen die Panzer weiter Richtung Heringen vor, ziehen sich jedoch auf Grund der zunehmenden Dunkelheit wieder zurück.[13] Während des Vormarschs schießen Panzer, nichtsahnend der Nutzung der Kaserne als Außenlager des KZ Mittelbau-Dora, in die Trümmer der Nordhäuser Boelcke-Kaserne.[14] Auch Sundhausen wird mit Panzergranaten beschossen, aber die Panzer dringen nicht weiter nach Norden in den Angriffsstreifen des VII. US Corps vor.

Der Co. B, 52nd AIB, die gegen 15.30 Uhr querfeldein von Hünstein nach Rüxleben gefahren ist, gelingt es erst mit Panzerunterstützung den feindlichen Widerstand in Rüxleben und Kleinfurra zu brechen. Die Gruppe überquert die R 4 und rückt durch die Wälder der Windleite auf Hamma vor, das von Süden besetzt wird.[15] Dann fahren sie weiter Richtung Auleben. Dort tauchen am Abend von Hamma kommend die ersten amerikanischen Panzer der Co. C, 19th Tk Bn an der Abzweigung Auleben/Hamma auf. Aber sie dringen nicht in den Ort ein. Die Co. C, 19th Tk Bn fährt mit den Panzerinfanteristen zurück und sichert in der Nacht Hain. Der Tp. A, 89th CavRcnSq erreicht einen Gebäudekomplex eineinhalb Meilen nordöstlich von Großfurra. Nördlich vor Neuheide stoßen die Aufklärer auf eine verteidigte Straßensperre auf der R 4. Nachdem der Widerstand niedergekämpft ist, räumen sie die Pioniere beiseite. Um Mitternacht erreichen die Kräfte des Tp. A den Versammlungsraum Großfurra. Die TF Karsteter, 19th Tk Bn, folgt an diesem Tag dem 52nd AIB und trifft erst bei Wollersleben auf Probleme, weil sich die Kolonne mit der Kolonne der TF Lovelady der 3rd US AD des VII. US Corps vermischt. Das 3./38 von Maj. Robert L. Utley folgt als mobile Reserve dem CCB und erreicht am Abend den Versammlungsraum bei Hain.

Der 3rd Plat. Tp. A, 89th CavRcnSq, der mit der Co. A, 52nd AIB und einem Plat. Co. C, 19th Tk Bn, an diesem Tag die linke Flanke des CCB der 9th US AD schützt, fährt über Kirchohmfeld das Ohmgebirge hinauf nach Kaltohmfeld und weiter über Haynrode und Buhla nach Kraja. Weiter geht es über Lipprechterode nach Bleicherode, das friedlich vor den amerikanischen Soldaten liegt. Die Stadt, die wegen der zwei Reservelazarette zur *„offenen Stadt erklärt“* wurde, wird ohne einen Schuss besetzt.[16] Das Archiv der H.V.A. Peenemünde, das sich in Bleicherode befand, war bereits am 3. April mit Lastwagen über Bad Sachsa – Herzberg – Osterode nach Lerbach und von dort am 5. April über Goslar zur Eisenerzgrube „Georg-Friedrich“ in Dörnten abtransportiert worden.[17] In der verlassenen Grube werden die zehn Tonnen Archivmaterial erst Mitte Mai 1945 von Maj. Robert Staver von der US Forschungs- und Entwicklungsbehörde entdeckt. Staver hatte bereits unmittelbar nach der Besetzung von Mittelwerk mit der Sicherstellung von Ausrüstung und Informationsmaterial begonnen und *„zwischen dem 11. April und 6. Mai zahlreiche komplette V-2-Raketen, alle vollständigen Exemplare von Typ Taifun (P), HS 117, HS 298, X 4 und X 7, zusammen mit allen (schriftlichen) Dokumenten und Blaupausen“* abtransportiert.[18]

Im Harz trifft an diesem Tag auf dem Gefechtstand des AOK 11 der Befehl des OB West ein, dass sich die 12. Armee auf dem Transport in den Harz befindet, um von dort aus den Feind nach Westen zurückzuwerfen. Im Einsatzraum der 11. Armee, im Harz, befinden sich zu diesem Zeitpunkt nach unterschiedlichen Schätzungen zirka 100 000 Angehörige der Wehrmacht, Waffen-SS, des RAD, der Polizei, des Volkssturms und die Insassen der unzähligen Lazarette. Das amerikanische Oberkommando, das bei seinen Operationsplanungen von einer Verteidigungsstärke von 15 000 Mann ausgegangen war, erfährt erst nach der Gefangennahme von Gen.Maj. Görbig in Bad Grund von der wahren Stärke der deutschen Verbände im Harz und beginnt mit der Zuführung von zusätzlichen Kräften für den Harzkampf. Trotz der Tatsache, dass das AOK keine Verbindung zu den Nachbararmeen hat, der Harz bereits im Norden umgangen ist, die Lücke zur 7. Armee immer größer wird, keinerlei Vorbereitungen für die Verteidigung des Harzes getroffen sind, Vorräte vollständig fehlen und die Truppe nur noch über geringe Gefechtskraft verfügt, beginnt die 11. Armee mit der Umsetzung des Befehls. Beim LXVII. AK versucht Gen. Hitzfeld im Tagesverlauf seine verstreuten Truppen zu ordnen und eine schwerpunktmäßige Verteidigung aufzubauen. Dafür gliedert er den Korpsabschnitt in den Abschnitt „A", Südrand des Oberharzes ausschließlich Herzberg bis ausschließlich Nordhausen; den Abschnitt „B", Nordhausen – Sondershausen, und den Abschnitt „C" entlang des Höhenzuges der Schmücke. Der Raum südlich des Waldgürtels der Hainleite und Schmücke soll lediglich überwacht werden.[19] Auf dem Gefechtstand in Riefensbeek stimmt der Stab des AOK 11 den Verteidigungsplänen von Hitzfeld zu. Auch der OB West, der in der Nacht auf dem Gefechtstand des AOK 11 erscheint, billig Hitzfelds Vorhaben. Den Hinweisen des Stabes, dass die Armee auf keinen Fall den Auftrag zur Harz-Verteidigung erfüllen kann und die 12. Armee zu spät kommen würde, widerspricht Kesselring jedoch energisch und verspricht die Zuführung neuer Kräfte. Die 7. Armee wechselt von der Unterstellung unter die H.Gr. G unter die direkte Befehlsgewalt des OB West, GFM Kesselring, dem bereits die 11. Armee für den Kampf in Mitteldeutschland unterstellt ist.

Jetzt stehen die amerikanischen Truppen vor den Toren Nordhausens, oder besser gesagt, vor den Ruinen der Stadt. In der völlig zerstörten Stadt, in der noch Tage nach dem Ende der verheerenden Bombenangriffe die Explosionen von Zeitzünderbomben zu hören sind und Brände flackern, ist das Leben fast vollständig zum Erliegen kommen. Nur wenige versuchen in der Trümmerwüste ihr Hab und Gut und die Toten zu bergen. Zu groß ist die Bedrohung durch Tiefflieger. Die Masse der Verwaltungseinrichtungen und Parteidienststellen hat sich abgesetzt und auch die Polizei und die Angehörigen des Marineoberkommandos West sind abgerückt. Und mit ihnen der Oberbürgermeister und sein Polizeichef. Als letztes Überbleibsel ihrer Herrschaft bleibt nur ein Aufruf zum unbedingten Durchhalten, der an diesem Tag in der letzten Notausgabe des „Südharz Kurier" erscheint und von Kreisleiter Hans Nentwig, Landrat Wolffersdorff und Dr. Meyer unterschrieben ist. Gemeinsam setzen sie sich mit dem Stab des Kreisleiters unter dem Schutz der, von Dettmann geführten, Nordhäuser Polizei, der sich auch die Nordhäuser Feuerschutzpolizei anschließen muss, erst nach Ilfeld ab, wo sie im ehemaligen Prämonstratenserkloster, der späteren N.P.E.A., Quartier beziehen.[20] In Ilfeld hatte Kreisleiter Nentwig bereits am 5. April die Villa Guillaume bezogen, um von hier aus die Verteidigung des Kreises Nordhausen-Südharz zu organisieren.[21] Von Ilfeld aus, geht es am nächsten Tag nach Benneckenstein und weiter nach Stiege. Bereits unterwegs beginnt die Auflösung. Als einer der ersten setzt sich Dettmann ab, so dass Polizei-Hauptwachmeister Hugo Kieser die Führung der Polizei übernehmen muss. In Stiege löst sich die Gruppe endgültig auf. Während Nentwig untertaucht, werden Teile der Polizei in die dort liegenden Kampfverbände eingegliedert, andere schlagen sich durch den Harz nach Hause durch.[22] Über den Verbleib des Marinestabes, der unmittelbar nach seiner Flucht aus Nordhausen in einer Tierzuchtfarm am Großen Rappenberg untergekommen war, gibt es keine Angaben. Bis zum Ende der Harzkämpfe gehen an verschiedenen Stellen im Harz Marineangehörige in amerikanische Gefangenschaft.[23] Inzwischen wartet die Bevölkerung, die mittlerweile zu Tausenden in den Stollen des Kohnstein Schutz und Unterkunft gefunden hat, auf das Einrücken der Amerikaner.[24] Doch diese dringen in der Nacht nicht in die Stadt ein.

Am **Mittwoch, dem 11. April 1945** beginnt auf breiter Front der Großangriff der 12th AGr in das industrielle Herz Mitteldeutschlands und zur alliierten Haltelinie entlang der Elbe und Mulde. Südlich der Trennungslinie zwischen der 9th und 1st US Army für den Harz-Kampf, die von nördlich Clausthal-Zellerfeld über den Brocken und Quedlinburg bis Dessau verläuft, nimmt im Abschnitt der 1st US Army am Morgen das V. und VII. US Corps den, für nur wenige Stunden unterbrochenen, Angriff wieder auf. Während der Großteil der Verbände von Brig.Gen. Doyle O. Hickey's 3rd US AD des VII. US Corps Nordhausen angreifen, führen andere Teile der Division und die RCT der 104th US InfDiv die Säuberung des Südharzes fort.

Die 3rd US AD beginnt um 04.30 Uhr (B) den Angriff auf Nordhausen mit der TF Lovelady des CCB. Um 05.00 Uhr (B) setzen sich auf den Werther'schen Höhen die Panzer in zwei Gruppen in Bewegung. Eine Gruppe rollt über Feldwege Richtung Steinbrücken. Auf der R 4 formieren sie sich zum Angriff und rollen Richtung Stadt. Mit den Panzern rücken die Infanteristen des 2./414 mit der Co. F auf der Linken und der Co. G auf der Rechten vor. Nur wenige weiße Fahnen wehen an den Häusern, als sich die Kolonne langsam der Stadt nähert.[25] In dem Moment biegt ein Omnibus von links kommend auf die Straße zur Stadt ein. Sofort eröffnet der Spitzenpanzer mit dem Turm-MG das Feuer und der Omnibus kippt getroffen in den Graben. Schwer verletzt überlebt der Fahrer, der kurz darauf von amerikanischen Sanitätern behandelt wird.[26]

Noch wissen die Männer nicht, dass die Stadt unverteidigt vor ihnen liegt. Zum Glück für die stark mitgenommene Stadt haben sich auch die letzten „Verteidiger“ rechtzeitig abgesetzt. Kurz nach dem Abmarsch der Ordnungspolizei und der NSDAP-Kreis- und Stadtleitung Richtung Harz hatte sich der Nordhäuser Volkssturm, der durch die Bombenangriffe ohnehin dezimiert ist, aufgelöst. Dieser bestand ursprünglich aus zehn Bataillonen unter Führung des Kreisschulrates Dr. phil. Paul Koch und dessen Stellvertreter, Oberstudienrat Hptm d.R. Rudloff, und war am 12. November 1944 unter großer Anteilnahme der Bevölkerung auf dem Neumarkt in Nordhausen vereidigt worden. Doch jetzt sind ihre Stellungen *„im Stürzetal, am Alten Friedhof, bei Wildes Hölzchen, in der Gampe, auf dem Holungshügel und an den Stadteingängen“* sowie *„an der Promenade, im Gehege und an der Zorge“*, soweit sie nicht schon bei den Bombenangriffen zerstört wurden, verlassen und leer.[27] Lediglich der 55jährige Oberstudienrat Sigurd Rudloffs stellt sich den Panzern entgegen, doch nicht, um zu kämpfen, sondern um die Stadt zu übergeben. Mit einer kleinen weißen Fahne und den Worten *„Ich bin im Augenblick der Kommandant der Stadt. Als Stellvertreter des Kommandeurs des Nordhäuser Volkssturms übergebe ich ihnen den Ort und erkläre, dass kein organisierter Widerstand geleistet wird. Meines Wissens befindet sich kein Offizier mehr in Nordhausen“,* tritt er den Panzern der TF Lovelady an der Bahnunterführung der R 4 Richtung Sondershausen entgegen. Aufgefordert, auf dem ersten Panzer aufzusitzen, führt er die Panzer dieser Gruppe am Bahnhof vorbei über die Bahnhofstraße in die Stadt.[28]

Abgesessene Panzerinfanteristen und Infanteristen des unterstellten 414th InfRgt bewegen sich auf der, von Bombenkratern zerfurchten, Straße zur L.Na.S. in der Boelcke-Kaserne und den angrenzenden Flugplatz, den sie verlassen vorfinden. Eine Gruppe von Panzern rollt quer über das Rollfeld auf die Hangar zu.[29] Dort ergeben sich ihnen die letzten Angehörigen des Flugplatzkommandos A 35/IV unter Oblt. Horst Pechstein. Mit ihm ergeben sich *„138 Luftwaffenangehörige, 21 Luftwaffenhelferinnen und 28 Zivilbeschäftigte. Jene waren ältere Herren, die als Volkssturmmänner die Wachsoldaten für den Fronteinsatz ablösen mussten. Ein Großteil der Offiziere und Fliegersoldaten hatte sich am 11. April mit unbekanntem Ziel bereits abgesetzt.“*[30]

Panzerinfanteristen der 3rd US AD vor dem Gehege in Nordhausen Foto: National Archives

Gegen 11.00 Uhr stoßen die Infanteristen in der schwer zerstörten Boelcke-Kaserne auf die Überlebenden des KZ „Mittelbau-Dora". Das Außenlager, das erst am 10. Januar 1945 als Krankenlager für das KZ „Mittelbau-Dora" eingerichtet worden war, liegt unbewacht vor den vorsichtig vorrückenden Infanteristen. Die Wachmannschaften aus älteren zwangsverpflichteten SS-Männern waren bereits bei den Luftangriffen geflohen und hatten die entkräfteten Häftlinge ihrem Schicksal überlassen.[31] Der Anblick, der sich den Infanteristen beim Betreten des Geländes bietet, übertrifft ihre schlimmsten Vorstellungen, zumal es für die Männer das erste Mal ist, dass sie auf ein solches Lager stoßen.

Amerikanische Soldaten neben den Leichen von Häftlingen in der Boelcke-Kaserne Nordhausen
Foto: USHMM Photo Archives: W/S #04549

Über das Vorgefundene findet sich in den Chroniken der beteiligten amerikanischen Verbände und den Augenzeugenberichten eine Vielzahl von teils widersprüchlichen Berichten. Eines haben sie jedoch alle gemeinsam, der Anblick der mehr als 1000 Leichen und der dazwischen befindlichen Überlebenden, die ebenfalls dem Tode näher sind als dem Leben, erschüttert die Männer zutiefst. Cpl. Seymour Zipper vom 329th Med Det. beschreibt das Gesehene so: *„Die 104th Timberwolf Division hatte viel gesehen bis wir Nordhauen erreichten, aber niemand wusste etwas von der Existenz von Konzentrationslagern. Als wir durch das Tor gingen, konnten wir sehen, dass die Gebäude zerbombt waren, Dächer waren eingestürzt und Schutt lag überall auf dem Platz. Aber was uns erschreckte und uns denken ließ, wir wären in der Hölle, waren die Stapel von Leichen. Manche Stapel waren drei bis vier Menschen hoch, einige nackt und andere in zerlumpten Kleidungsstücken. Selbst hartgesottene Soldaten schauten verwirrt auf diese furchtbare Szene."*[32]

Dieses Grauen wird sich für immer in die Erinnerungen aller Beteiligten einbrennen und wird nach einem ersten Moment tiefer Betroffenheit und Fassungslosigkeit in Wut umschlagen, die in den nächsten Tagen viele deutsche Kriegsgefangene, insbesondere Männer der Waffen-SS zu spüren bekommen. Als eine der ersten Reaktionen auf das Vorgefundene befiehlt Brig.Gen. Boudinot als Strafmaßnahme, dass die Stadt Nordhausen eine Woche lang von *„Angehörigen der Nationen, die mit Deutschland im Krieg stehen oder von Deutschland versklavt wurden"* geplündert werden darf.[33] Und davon werden die Tausende von befreiten Zwangsarbeitern ausgiebig Gebrauch machen.

Hunderter Leichen von KZ-Häftlingen aufgereiht zwischen den Trümmern der Boelcke-Kaserne
Fotos: USHMM Photo Archives: oben W/S #04812/unten W/S #26810

Oben: Ein Angehöriger der KZ-Wachmannschaften wird von einem Häftling identifiziert
Unten: Gefangengenommene Angerhörige der Wachmannschaft warten auf den Abtransport
Fotos: USHMM Photo Archives: oben W/S #06823/unten W/S #06821

Ein Plat. Infanterie der Co. E, 2./414 bewegt sich inzwischen aufgesessen auf einigen Panzern ostwärts nach Sundhausen und um 14.30 Uhr (B) ist der Ort gesichert. Eine zweite Gruppe der TF Lovelady rückt gegen 06.00 Uhr von Kleinwerther aus auf der R 80 in Richtung Stadt vor. Während Panzerinfanterie die angrenzende Siedlung und Gehöfte sichert, erreichen die Panzer gegen 07.40 Uhr (B) die Stadt. *„Am Eisenbahnübergang bellte das MG des ersten Wagens kurz auf. Ein deutscher Feldwebel krümmte sich unter dem blühenden Birnbaum in einem der kleinen Vorgärten über seiner Panzerfaust zusammen. Er kam nicht mehr dazu, die Waffe abzufeuern.“*[34] An der Siechenbrücke gibt es einen kurzen Halt, während Panzerinfanteristen die Straßen durchkämmen. Dann geht es stadteinwärts weiter.[35]

Parallel zur TF Lovelady startet um 05.30 Uhr (B) die TF Welborn den Angriff auf die nördlichen Stadtteile von Nordhausen. Als erstes nähern sich sechs Panzer der Hesseröder Gruppe querfeldein Salza. Andere fahren den Holungsbügel hinunter in den Ort, wo sie sich mit den anderen vereinigen. Weitere Fahrzeuge und Infanterie folgen. Gleichzeitig mit der Hesseröder Gruppe setzen sich auch die gepanzerten Fahrzeuge bei Hochstedt und Herreden in Bewegung. Die wenigen verbliebenen Volkssturmleute am Westrand von Salza verlassen fluchtartig ihre Schützenlöcher. Nur ein Hitlerjunge schießt am Herreder Berg mit einer Panzerfaust auf die Panzer und beschädigt einen Sherman. Dann dringen die Panzer und Infanterie unbehelligt in Salza ein und bewegen sich in Richtung des Flüsschens Zorge.[36] Um 06.00 Uhr (B) meldet Welborn, das seine Kräfte den Nordwestrand von Nordhauen erreicht haben. Bis 07.30 Uhr (B) ist das Stadtgebiet Nordhausen südlich und westlich der Zorge ohne Widerstand besetzt. Um 08.00 Uhr (B) stehen die Panzer an allen Brücken über die Zorge.[37] Die Panzer rollen in die Altstadt und besetzen den östlichen Teil der Mittelstadt und den Stadtausgang nach Leimbach. Selbst durch das enge Altentor rollen die Panzer Richtung Stadtzentrum. Dabei ergeben sich ihnen immer wieder vereinzelte Gruppen deutscher Soldaten. Eine Gruppe von drei Marinesoldaten, die an der Altendorfer Stiege versucht, Richtung Gehege zu fliehen, wird entdeckt und bei der Verfolgung wird einer der Matrosen in Keller des ersten Hauses am Kreuzen durch Handgranaten und MG-Feuer getötet. Die beiden anderen entkommen.[38] Um 12.00 Uhr (B) ist der Südteil von Nordhausen gesäubert. An der Stolberger Straße treffen die Männer der TF Lovelady mit den Truppen der TF Welborn zusammen, die bis 11.35 Uhr (B) den Norden des Stadtgebietes vom Gehege her ebenfalls ohne Widerstand gesichert hat. Etwa 200 deutschen Soldaten und verdächtige Personen, die der Stadt in Gefangenschaft geraten, werden im Sammellager Rotleinmühle zusammengeführt und später mit Lastwagen abtransportiert.[39]

Der Angriff kommt für diesen Tag zum Halten, denn erst muss Kraftstoff und vor allem die Infanterie zur Sicherung des besetzten Gebietes nachgeführt werden. Von befreiten ausländischen Fremdarbeitern erfahren die GI von einem nahegelegenen unterirdischen Objekt der SS. Gegen 11.00 Uhr fahren die Panzer von Salza auf den Kohnstein zu. *„Der Salzaer Bürgermeister kam ihnen am Sportplatz mit einem weißen Tuch entgegen. Er hatte sich kurz vorher mit einigen fanatischen SS-Leuten und dem Kommandeur, Oberst Gross, fast handgreiflich wegen deren Vorhaben auseinandergesetzt, die Stolleneingänge ohne Rücksicht auf die Tausende Flüchtlinge zuzusprengen. Hirl bot den Panzersoldaten die Übergabe der Stollenanlagen an.“*[40]

Jetzt liegt das Objekt unverteidigt vor den amerikanischen Soldaten. Die letzten Reste des „Sicherungskommando Groß“ haben sich Richtung Niedersachswerfen abgesetzt. Das Sich.Btl. unter Obstlt. Großkreutz war bereits am 7. April mit der SS in die Wälder bei Ilfeld abgerückt. Lediglich eine Gruppe von 25 Soldaten und Luftwaffenhelfern, die zu den Fla-MG-Besatzungen der östlichen Luftverteidigung des Kohnsteins gehören, ergeben sich den eintreffenden Amerikanern am Eingang der Stollen.[41] Ansonsten befinden sich nur noch Zivilisten in der Anlage. Die Häftlinge aus dem nahen Lager hatte man Anfang April in Todesmärschen über den Harz evakuiert. Die Arbeit in den Untertageanlagen ruht seit dem 2. April.[42]

Kampflos fällt den amerikanischen Truppen die gewaltige, unzerstörte, unterirdische Produktionsanlage der geheimen Raketenfabrik in die Hände. *„Von den ungeheuren Ausmaßen der unterirdischen Anlage können sich bis heute nur wenige Nordhäuser eine richtige Vorstellung machen. Die Deutsche Reichsbahn fuhr zweispurig in den 2,4 Kilometer langen Hauptstollen A... An einigen Stollen waren Kammern von der Größe eines Domes in den Berg gesprengt worden... zwischen den beiden Hauptstollen waren 46 Verbindungsstollen leitersprossenähnlich angeordnet... Jeder dieser hallenartigen Räume hatte eine Breite von 12, eine Höhe von 9 und eine Länge von 200 Metern.“*[43] Das die Produktionsanlagen unzerstört bleiben, ist unter anderem dem Leiter des Serienproduktionsausschusses der Mittelwerk GmbH. Albin Sawatzki zu verdanken, der ebenso wie weitere leitende Mitarbeiter der Mittelwerk GmbH den Evakuierungsbefehl für das Schlüsselpersonal und den Befehl zur Sprengung der Anlagen missachtet hatte, um diese intakt an die Amerikaner zu übergeben.[44] Sie werden am kommenden Tag in Niedersachswerfen von den Amerikanern verhaftet.[45]

Angehörige der American Legion fahren am 6. Juni 1945 durch den Lagereingang des KZ Mittelbau-Dora
Blick aus Richtung des Lagers zum Lagereingang
Fotos: oben National Archives, unten Jürgen Möller, 2008, Genehmigung für Foto- u. Dreharbeiten v. 14.11.2008

SS-Unterstand. Der SS diente der 1974 rekonstruierte Betonbau zur Überwachung des Lagereingangs und als Schutzraum bei Luftangriffen. In der DDR wurde das Gebäude fälschlich als „Stehbunker“ der Lager-Gestapo bezeichnet.

Überreste des Lagergefängnisses mit den gut erkennbaren Zellen

Hinrichtungsstätte neben dem Lagergefängnis während der Restaurierungsarbeiten 2008

Alle Fotos: Jürgen Möller, 2008, Genehmigung für Foto- u. Dreharbeiten v. 14.11.2008

Appellplatz des Lagers mit dem zentralen Denkmal am hinteren Rand des Platzes

Fundamentreste der Lagerküche

Kohle-/Aschebehälter hinter der Lagerküche

Alle Fotos: Jürgen Möller, 2008, Genehmigung für Foto- u. Dreharbeiten v. 14.11.2008

Verrostete Relikte der ehemaligen Grubenbahn auf dem Gelände der Gedenkstätte

Grubenhund in der Besucherstollenanlage

Alle Fotos: Jürgen Möller, 2008, Genehmigung für Foto- u. Dreharbeiten v. 14.11.2008

Blick vom Lagereingang in Richtung des Lagerinneren mit Appellplatz, SS-Unterstand (links) und Grubenbahnlok

Blick über das Lagergelände von der Küche in nordöstlicher Richtung

Wiederaufgebaute Häftlingsbaracke (baugleiche Baracke aus einem Zwangsarbeiterlager in Nordhausen)

Alle Fotos: Jürgen Möller, 2008, Genehmigung für Foto- u. Dreharbeiten v. 14.11.2008

Oben: Ein polnischer Häftling zeigt Tec 5 John L. Lyndon vom VII. US Corps einen der Verbrennungsöfen
Unten: Krematorium mit dem Denkmal von Jürgen von Woyski für die Opfer
Fotos: USHMM Photo Archives: oben W/S #83405 (NARA 111-SC-203566)/unten Jürgen Möller, 2008

Oben: Ein Soldat blickt in einen Verbrennungsofen mit menschlichen Überresten
Unten: Blick in einen der Verbrennungsöfen heute
Fotos: USHMM Photo Archives: oben W/S #77030/unten Jürgen Möller, 2008

Als zwei Tage später Angehörige der G-5 Abteilung der 104th US InfDiv das Werk und das Lager inspizieren vermeldet der After Action Report: *„Bei einer Inspektion des Gebietes zwischen Nordhausen und Ellrich ergab sich, dass sich dort eine Anzahl großer Untergrundmunitionsfabriken mit Eingängen von beiden Seiten des Berges befanden. Zwischen den dort hergestellten Dingen befanden sich V-1 und V-2 Bomben und Flugzeugmotoren. Die Fabriken beinhalteten beste Ausrüstung, Maschinen, tausende von V-Flugkörpern und Teile der Flugkörper im Wert von Millionen Dollar. Die Fabriken waren nicht zerstört und die Elektrik, Ventilation und Telefonsysteme waren funktionsfähig."*

Neben den Produktionsstätten für die V-1 und V-2 fallen den Amerikanern auch Produktionsanlagen des Geheimprogramms „Schildkröte" in die Hände. Im Rahmen dieses Programms hatte man im Kohnstein mit dem Bau des Volksjägers Heinkel He 162 „Salamander" begonnen. Zum geplanten Einsatz der Jäger vom Flugplatz Nordhausen war es jedoch nicht mehr gekommen. Die Amerikaner finden bei ihrem Eintreffen verschiedene Bauteile des Jägers vor dem Haupteingang des „C 1"-Stollens. Eine Produktionsstätte für die Strahltriebwerke im „Alten Stolberg" bei Stempeda ist zu diesem Zeitpunkt noch im Bau.[46]

In der Umgebung des Kohnsteins kommt es zu einigen kleineren Zwischenfällen mit deutschen Nachhuten. So sprengt eine Nachhut des Sonderkommandos Groß vor den Augen der Amerikaner eine kleine Brücke über die Zorge am Fuß des Kohnsteins, als diese mit ihren Panzern auf Naglers Mühle zurollen. Bei Crimderode[47] sprengt eine Nachhut aus Wehrmacht und Waffen-SS und einigen Angehörigen des Volkssturms unter Führung des Ortsgruppenleiters der NSDAP die Felsenböschung gegenüber dem Zorge-Wehr der Jericho-Mühle und blockiert damit die Harzstraße. Zur geplanten Sprengung der Zorgebrücke kommt es nicht mehr. Nach der Sprengung zieht sich die Nachhut auf die Liethe zurück, wo sie erneut Stellungen bezieht. In der Zwischenzeit durchkämmt die amerikanische Infanterie die Siedlung in der Nähe der Mühle und eine Artilleriebatterie geht am Sportplatz in Stellung. Die Bewohner werden unter Drohungen aufgefordert, sich nach Rüdigsdorf zu begeben. Dann rückt Infanterie von Salza aus über die Brücke in der Ortsmitte vor und gerät unter starken Beschuss von der Liethe her. Dabei wird mindestens ein GI getötet. Auch unter den Bewohnern kommt es zu Opfern. Beim Durchkämmen der Häuser wird ein Bewohner durch die geschlossene Tür erschossen. Nachdem am späten Nachmittag ein Jagdbomber die deutschen Stellungen an der Liethe mit Bomben angreift, fliehen die Überlebenden Richtung Harz. Der Widerstand in diesem Abschnitt endet und am nächsten Tag räumt ein Räumpanzer das Geröll und Erdreich von der Straße.[48]

In Nordhausen erfolgt am Nachmittag die offizielle Übergabe der Stadt durch Stadtrat Franz Sturm, Revierhauptmann der Schutzpolizei Wilhelm Werrbach und Polizeimeister Karl Großmann im Gasthaus „Forsthaus" im Gehege. Nach den Verhandlungen werden sie verhaftet und scharfen Verhören zur Boelcke-Kaserne unterzogen. Weitere Festnahmen folgen.[49]

Soldaten der 3rd US AD im Gespräch mit befreiten Zwangsarbeitern in Nordhausen Foto: National Archives

Das CCR setzt um 06.00 Uhr (B) den Vormarsch fort. Die Spitze der TF Hogan trifft um 07.13 Uhr (B) auf eine Straßensperre an der Südkante des Waldes nördlich Bockelnhagen, die innerhalb von zehn Minuten beseitigt wird. In dem Waldgebiet gerät die Kolonne unter MG-Beschuss. Um 08.15 Uhr (B) nähert sich die Kolonne Bartolfelde, wo sich am Dorfrand Fallschirmjäger und SS mit Pak eingegraben haben. Nachdem der erste Panzer durch die Pak vernichtet wird, ziehen sie sich zurück. Um 09.15 Uhr (B) wird Luftunterstützung angefordert, auch die Artillerie nimmt den Ort unter Beschuss. Um 09.43 Uhr (B) greifen Jagdbomber der 365th Fighter Bomber Group „Hell Hawks" des IX. TAC die deutschen Stellungen an. Die Verteidiger ziehen sich nach Bad Lauterberg zurück.[50] Bartolfelde wird durch die Infanteristen des 3./414 bis 10.10 Uhr (B) besetzt. Nach der Einnahme von Bartolfelde besetzt die TF Hogan bis 12.35 Uhr (B) Osterhagen und hält an.

Um 14.00 Uhr (B) stellen Patrouillen den Kontakt zur TF Richardson an der Rechten her. Hogan erhält um 18.20 Uhr (B) den Befehl, dass das 3./414 aus der Unterstellung unter die 3rd US AD herausgeht und dafür das 3./47 der 9th US InfDiv nach Mackenrode herangeführt wird. Um 19.15 Uhr (B) verlegt die Task Force in einen Sammelraum bei Günzerode.

Die Kolonne der TF Richardson rollt über Stöckey, wo sie um 07.55 Uhr (B) auf Panzerabwehrfeuer trifft, und Limlingerode nach Tettenborn. Als die Vorhut Richtung Neuhof weiterfährt, gerät sie unter Beschuss durch zwei deutsche Panzer bei Neuhof, die sich anschließend sofort Richtung Walkenried zurückziehen. Um 12.08 Uhr (B) fordert Richardson Luftunterstützung an und bis 13.00 Uhr (B) ist Neuhof gesichert. Dort erfahren sie, dass sich eine Anzahl deutscher Soldaten am Bahndamm der Südharzbahn nordwestlich von Neuhof eingegraben haben. Daraufhin rollen die ersten Panzer der TF Richardson über Branderode, Obersachswerfen und Gudersleben nach Woffleben. In der Zorgeaue zwischen Woffleben und Niedersachswerfen treffen sie auf die kleine Panzergruppe der Sicherung des Kohnsteins, die hier in Stellung gegangen ist.

Doch sie haben gegen die Sherman-Panzer keine Chance. Nach einem kurzen Gefecht sind die veralteten italienischen Beutepanzer ausgeschaltet. Aber auch die amerikanischen Truppen erleiden Verluste. Doch kaum hat sich die Kolonne wieder in Bewegung gesetzt, kommt sie erneut zum Stehen. Jetzt eröffnet eine Vierlingsflak auf dem Mühlberg das Feuer auf die Kolonne. Herangeführte 105mm Selbstfahrlafetten M 7 schalten die Flak mit einigen gezielten Schüssen aus. Dabei wird der 16jährige Flakhelfer Willibald Renner getötet. Um 12.43 Uhr (B) ergeben sich die letzten deutschen Soldaten des Verteidigungsbereiches „Kohnstein Nordseite" unter Führung von Lt. Aut.[51] Am Abend fährt die Task Force in den Sammelraum des CCR, wo sie sich bis 22.30 Uhr (B) versammelt.

Das 83rd Armd Rcn Bn fährt nach der Einnahme von Nordhausen durch die Stadt nach Nordosten und besetzt Woffleben, Gudersleben und Obersachswerfen. Gegen 14.00 Uhr wird auch Ellrich erreicht. Um 15.35 Uhr (B) versammelt sich die Co. D, 83rd Armd Rcn Bn in Branderode. Am späten Abend hat sich das CCR im Raum nordwestlich von Nordhausen versammelt. Der CP entfaltet um 20.10 Uhr (B) in Günzerode. Nachfolgende Einheiten der 104th US InfDiv sichern die besetzten Orte. Die Co. D, die dem CCR unterstellt war, kehrt zum Bataillon zurück, dafür wird die Co. A, 83rd Armd Rcn Bn von Capt. McPike dem CCR unterstellt.

Ein Melder der rückwärtigen Divisionseinheiten der 3rd US AD, der sich in Sundhausen in der Straße irrt und statt nach Nordhausen in Richtung Bielen fährt, findet den Ort feindfrei und mit weißen Fahnen gekennzeichnet vor. Er wendet seinen Jeep auf der R 80 und rast sofort zurück. Seine Meldung veranlasst Lt.Col. Lovelady mit Vorauskräften über die Hallesche Straße bis nach Bielen vorzustoßen und den Ort gegen Mittag zu besetzen.[52] Auf der R 80 klären sie weiter bis Görsbach und nördlich Auleben auf und errichten dort Vorposten für die Nacht. In den Wäldern der Windleite kommt es zu vereinzelten Gefechten. Am späten Abend ist der Raum Nordhausen vollständig von amerikanischen Truppen besetzt. Die Frontlinie der 3rd US AD verläuft *„von Woffleben über Niedersachswerfen, Crimderode, den nördlichen und östlichen Stadtrand nach Bielen, von dort nach Sundhausen und an der Helme entlang bis nach Auleben."*[53]

In der Nacht zum 12. April, 01.00 Uhr (B) geht das 414th InfRgt ohne das 2./414 aus der Unterstellung unter die 3rd US AD zur 104th US InfDiv zurück. Das 2./414 bleibt bei der TF Lovelady. Dafür werden der 3rd US AD das 1./18 der 1st US InfDiv und das 3./47 der 9th US InfDiv unterstellt, die dem CCA und CCR zugeordnet werden. Das RCT 414 übernimmt die Verantwortung für die Stadt Nordhausen. Die CCA verlegt nach der Einnahme von Osterode und Herzberg in den Raum Günzerode, westlich von Nordhausen. Am Abend meldet die 3rd US AD, dass ihre Truppen während des Tages sechs deutsche Panzer und drei Selbstfahrlafetten zerstört und südwestlich von Herzberg an der Einmündung der Straße von Hattorf in die R 24 sechs 2cm Flakgeschütze erbeutet haben. 32 amerikanische Soldaten der Division verlieren an diesem Tag ihr Leben.

Während die 3rd US AD nach der Besetzung von Nordhausen zum Stehen kommt, läuft seit dem Mittag in der Boelcke-Kaserne der Kampf um die Rettung der Überlebenden des KZ-Außenlagers. Unmittelbar nach der Entdeckung des Lagers hatte die Meldung Lt.Col. Lovelady erreicht, der sofort Brig.Gen. Boudinot informiert. Dieser erscheint kurz darauf persönlich im Lager, um sich ein Bild zu machen und erste Maßnahmen einzuleiten.[54] Sofort beginnen seine Männer mit Unterstützung der Sanitäter mit der Erstversorgung der Überlebenden. Inzwischen hat die Meldung auch den Divisionsstab und das VII. US Corps erreicht.

Oben: Gen. J. Lawton Collins (Mitte), zwischen Häftlingen und einem Sanitäter in der Boelcke-Kaserne. Rechts neben Collins stehen Truman E. Boudinot und Doyle O. Hickey.
Unten: Sanitäter bringen Häftlinge aus der Boelcke-Kaserne
Fotos: USHMM Photo Archives: oben W/S #00643/unten W/S #09771

Anbetracht der Tatsache, dass die 3rd US AD als Speerspitze des VII. US Corps für die Fortsetzung der Angriffsoperationen benötigt wird, wird der 104th US InfDiv die Verantwortung für das Lager bis zum Eintreffen von Korpstruppen übertragen.

Die 104th US InfDiv, die erhebliche Mühe hat, mit ihren Regimentern dem schnellen Vorstoß der Panzerspitzen zu folgen und hierfür jeden nur möglichen Transportraum nutzt, greift auch an diesem Tag auf Wehrmachtsfahrzeuge und requirierte Privatfahrzeuge zurück, die zu Dutzenden wegen Spritmangel herumstehen. Das RCT 413, das auf Befehl des Corps mit Teilen in seinem Abschnitt die Zugänge zum Harz blockiert, steht am Abend mit dem 1./413 unter Lt.Col. Charles Fernald in der Umgebung von Neuhof, dem 2./413 unter Lt.Col. Sam Koster in Hattorf, dem 3./413 unter Lt.Col. George O'Connor in Bartolfelde und dem Regtl.CP in Pöhlde. Das RCT 415, das hinter den Panzern gesäubert hat, geht mit dem 1./415 unter Lt.Col. Fred E. Needham nach Epschenrode, dem 2./415 unter Lt.Col. John R. Deane Jr. nach Großwechsungen und dem 3./415 unter Lt.Col. Caspar Clough Jr. und dem Regtl.CP nach Nordhausen. Die TF Laundon hält den Kontakt zur 1st US InfDiv und folgt geschlossen bis zur westlichen Ecke von Herzberg, wo sie einen Sperrriegel nach Norden errichtet. Die unterstellte Co. D, 750th Tk Bn hält in Hattorf. Die DivArty unter Brig.Gen. William R. Woodward geht mit dem 385th FA Bn unter Lt.Col. Edward C. Shinkle nach Rhumspringe, dem 802nd FA Bn nach Werxhausen, dem 957th FA Bn nach Silkerode, dem 981st FA Bn nach Obernfeld und dem 387th FA Bn unter Lt.Col. Joseph H. Stangle nach Limlingerode. Das 386th FA Bn unter Lt.Col. Urey W. Alexander und das 929th FA Bn unter Lt.Col. Vernon G. Gilbert folgt später nach.

Die 104th HQ Co. unter Capt. Robert D. Haphey sendet einen Quartiermeistertrupp unter Lt. Weber und Lt. Kaufman von der PR Abteilung der Division zur Erkundung des neuen Div.CP nach Nordhausen, wo diese in einen, noch unbesetzten, Teil der Stadt geraten und unvermutet auf deutsche Soldaten stoßen. Doch diese ergeben sich trotz zahlenmäßiger Überlegenheit widerstandslos dem kleinen Trupp, zu dem nur eine Handvoll Soldaten des Sicherungszuges des Gefechtsstandes gehören. 66 Mann gehen in Gefangenschaft. Trotz aller Erfolge registriert die Division im Tagesverlauf 21 Gefallene. Die Division erhält um 02.00 Uhr (B) den Auftrag, sich umzugruppieren, um die stark gefährdete linke Flanke zu sichern. Hierfür soll die TF Laundon ab 09.00 Uhr (B) verstärkt durch je einen Plat. Panzer, Panzerjäger und Pioniere rückwärtige Straßensperren errichten. Das RCT 413 soll dann abhängig von der Situation in die Div.Res. gehen und sich vorbereiten, entlang der Flanke nach Osten vorzurücken. Im Hinblick auf die Übernahme des Abschnitts nördlich der 104th US InfDiv durch die 9th US InfDiv sollen sich die Bataillone des RCT 414 bis 12.00 Uhr (B) in Nordhausen versammeln, wo sie durch je zwei Plat. Panzer und einen Plat. Panzerjäger verstärkt werden sollen. Dann sollen sie bereit sein, der 3rd US AD, die bis zur Linie Sangerhausen vorrücken soll, ab 11.00 Uhr (B) mit dem RCT 415 und ab 14.00 Uhr (B) mit dem RCT 414 zu folgen. Dabei sollen die Infanteristen an der Nordflanke Straßensperren errichten und diese bis zum Eintreffen der 9th US InfDiv sichern.

Im Abschnitt des V. US Corps setzen an diesem Tag die Panzerkolonnen der 9th US AD zum Stoß zur Saale zwischen Merseburg und Weißenfels an. Hinter den Panzern folgen die 2nd US InfDiv auf der Linken und die 69th US InfDiv auf der Rechten. Das CCB der 9th US AD beginnt an der linken Flanke der Division am frühen Morgen den Angriff und rückt mit der TF Prince, 52nd AIB, in zwei Kolonnen aus dem Raum Hain - Kleinfurra auf Sondershausen vor. Die TF Karsteter, 19th Tk Bn, des CCB, welches den Auftrag hat, den Hauptkräften des CCB als nördliche Flankensicherung der Division zu folgen, unterstützt dabei mit Teilen den Angriff der Panzerinfanteristen des 52nd AIB. Das unterstellte 3./38 der 2nd US InfDiv folgt dem Angriff aus dem Raum Hain. Nach kurzem Widerstand wird Sondershausen besetzt und durch die nachfolgenden Infanteristen des unterstellten 3./38 gesichert. Nördlich der Windleite beginnen am späten Vormittag die Panzer der TF Karsteter, 19th Tk Bn, aus ihrem Versammlungsraum bei Hain heraus den Vormarsch nach Osten. Äußerste Vorsicht ist geboten, denn die linke Flanke der Division steht durch das Zurückhängen der Front des VII. US Corps im Raum Nordhausen offen.

Für die 7. und 11. deutsche Armee verschlechtert sich die Lage weiter. Die, im Raum zwischen Erfurt - Weimar und Weißensee - Rastenberg stehenden, Kräfte des Pz.Vbd. Feller der 7. Armee werden beim Vorstoß der Panzer zersprengt und Teile weichen nach Norden in den Bereich der 11. Armee aus. Am nächsten Tag fällt General Feller bei dem Versuch, den Harz zu erreichen.[55] Im Tagesverlauf wird sowohl für die 7. Armee, als auch für die 11. deutsche Armee, deutlich, dass es nicht möglich ist, eine geschlossene Frontlinie aufzubauen. Selbst der Versuch des 4. Generalstabsoffiziers der 7. Armee, persönlich Kontakt mit dem Stab der 11. Armee aufzunehmen, scheitert. Über sein weiteres Schicksal ist nichts bekannt. Die 11. Armee, für die der Zeitpunkt der Einschließung immer absehbarer wird, befiehlt neue Abschnitte für ihre Korps.

Für das Stellv. VI. AK den Nordrand des Harzes bis zur Linie Südrand Brocken – Pkt. 540, drei Kilometer südwestlich Altenau – nördlich Badenhausen, für das angrenzende LXVI. AK bis zur Linie Elbingerode – ausschließlich Herzberg, dann das Stellv. IX. AK bis zur Linie einschließlich Hasselfelde – Bleicherode. Das LXVII. AK soll den angrenzenden Abschnitt bis zur linken Armeegrenze halten.[56] Im Abschnitt des Stellv. IX. AK dringen amerikanische Truppen in den westlichen Harzrand ein und besetzen Herzberg.[57] Der Korpsgefechtsstand befindet sich in der Barbara-Hütte bei Sonnenberg.[58]

Im Raum südlich von Sangerhausen bis Kölleda weichen die K.Gr. Heydenreich und Ettner des LXVII. AK der 11. Armee vor dem Angriff nach Osten zurück. Im Südharz zieht sich die, nördlich von Nordhausen stehende, K.Gr. Großkreutz kampflos auf Ilfeld zurück und übernimmt die Verteidigung des Abschnitts Ellrich - Stolberg. Das unterstellte „Sonderkommando Groß", das seinen Gefechtsstand im Kohnstein zwischen den Hallen 38 und 39 hatte, war bereits am 8. April mit etwa 100 Mann aus Mittelwerk abrückt und hatte Quartier im Braunsteinhaus bezogen. Auf Grund des Befehls, die verbliebenen Direktoren der Mittelwerk GmbH dem „Zugriff des Feindes zu entziehen" und der Tatsache, dass die Kräfte nicht für eine wirksame Verteidigung ausreichen, hatte er die Genehmigung zum Rückzug erhalten. Gemeinsam mit der 15 bis 20 Mann starken Flak-K.Gr. „Wacker", die unter Führung eines Oberleutnant der Flak steht und im Hotel Netzkater der Familie Walter Liesegang untergekommen war, hatte das Sonderkommando, nunmehr als „Rgt.Gr. Groß" bezeichnet, am 10. April Stellung bei Ilfeld - Netzkater bezogen.[59] Die vier 10,5cm Geschütze der Einheit „Wacker" hatte man direkt in Netzkater in Stellung gebracht, nachdem sie ihre vorherige Stellung am Südrand von Ilfeld aufgeben mussten. Zur Sicherung gegen Tiefflieger ist eine 2cm-Vierlingsflak östlich vom Hotel an der Schuppenbachbrücke in Stellung gegangen. Infanterie sichert die unmittelbare Umgebung. Am Braunsteinhaus lässt Groß Granatwerfer in Stellung gehen. An der Straßenkreuzung Appenrode – Braunsteinhaus sichert ein Sturmgeschütz.[60] Kurzzeitige Verstärkung erhalten die Verteidiger von Netzkater durch den jungen Leutnant der Luftwaffe Ralph Mählmann, der mit einer 15 Mann starken Aufklärungspatrouille von Hasselfelde kommend in Netzkater eintrifft und im Hotel Quartier bezieht. Die Gruppe besteht aus ehemaligen Angehörigen des Flugplatzes Quedlinburg, den sie am 9. April 1945 verlassen hatten.[61] Amerikanische G-2 Unterlagen nennen außerdem eine K.Gr. Bühríg als Teil der K.Gr. Großkreutz. Später soll die K.Gr. Großkreutz aus drei Gruppen bestanden haben, von denen eine als K.Gr. Stettgas und eine als K.Gr. Schwertfeger bezeichnet wird.[62] Der Korpsgefechtsstand des LXVII.AK verlegt hastig von Steintaleben nach Wippra in den Harz. Bei der Verlegung verliert General Hitzfeld zeitweise die Verbindung zu seinem Stab und wird vom Chef des Stabes Obstlt.i.G. Warning für gefangen oder tot gehalten. Am Nachmittag verlegt der Gefechtsstand des AOK 11 nach Braunlage. Dort erhält Lucht den Befehl des OB West, neben der Harz-Verteidigung den Abschnitt an der Elbe von Burg bis Riesa zu übernehmen. Nach fernmündlichem Protest wird der Befehl kurz darauf aber wieder zurückgenommen.[63]

Am Morgen des **Donnerstags, des 12. April 1945**, beginnt im Abschnitt des VII. US Corps der 1st US Army die 3rd US AD und 104th US InfDiv am Morgen mit der Besetzung der, außerhalb der Harzberge liegenden, Ortschaften der Grafschaft Hohenstein und der Dörfer östlich von Nordhausen. Aus dem Raum Nordhausen stoßen die Verbände der 3rd US AD in vier Marschsäulen nach Osten in den Landkreis Sangerhausen. Auf der Linken, nördlich der R 80, marschiert das CCR, mit zwei Verbänden parallel vorgehend, und auf der Rechten, südlich der Reichsstraße, das CCB mit zwei Verbänden. Das 83rd Armd Rcn Bn folgt dem CCB und das CCA bildet die Div.Res.

Krankenwagen transportieren die Häftlinge ab
Foto: National Archives

Die 104th US InfDiv, welche den Befehl zur Vorbereitung der Offensive auf Halle erhalten hat, hat an diesem Tag zwei Hauptaufgaben, eine humanitäre und eine militärische. Die Erstere wird diejenige werden, die alle Beteiligten mehr belasten wird als jeder Kampfaufrag davor oder danach. Es ist die Versorgung der Überlebenden und die Bergung der Toten in der Nordhäuser Boelcke-Kaserne.

Feldlazarett neben der Boelcke-Kaserne zur Erstversorgung der Häftlinge
Foto: USHMM Photo Archives: W/S #82086, courtesy of Dr. Henry P. Limbacher, M.A.S.H. 3rd Army

Bereits am Vortag hatte die 3rd US AD auf Befehl von Brig.Gen. Boudinot begonnen etwa 250 Überlebende in Lazarette abzutransportieren. Jetzt kümmern sich die Sanitäter des 329th Med Bn der 104th US InfDiv unter dem Kommando von Lt.Col. Samuel R. Taggart um die, im Lager verbliebenen, Überlebenden. In mehreren beschlagnahmten Häusern in unmittelbarer Nähe zum Lager richten sie ein Behelfslazarett ein, bis das 51st US Field Hospital, das auf dem Flugplatz entfaltet, die Betreuung der Überlebenden übernimmt. Unterschiedliche Quellen gehen von 405 bzw. 600 bis 1000 Überlebenden aus, die vom amerikanischen Sanitätspersonal betreut wurden.[64] Ist der Anblick der völlig ausgemergelten Überlebenden schon eine hohe psychische Belastung für die Männer, so sind die Skelette der Toten und der Geruch nach Tod und Krankheit, der über dem Lager liegt, noch um ein Vielfaches schlimmer. Viele der Leichen liegen schon seit Anfang April auf dem Kasernengelände.

Deutsches Warnschild am Außenzaun der Boelcke-Kaserne in Nordhausen
Foto: USHMM Photo Archives: W/S #14471

Die Einwohner von Nordhausen beerdigen unter Bewachung die Opfer aus der Boelcke-Kaserne
Fotos: USHMM Photo Archives: oben W/S #02067 (John R. Briza)/unten W/S #02062

Die Beerdigung der Opfer aus der Boelcke-Kaserne in Massengräbern
Fotos: USHMM Photo Archives: oben W/S #83810 (ETO-HQ-45-32273)/unten W/S #83814 (J. R. Briza)

Mit Beginn der Vorbereitungen zur Evakuierung der Häftlinge des KZ „Mittelbau-Dora" hatte man alle nicht transportfähigen Häftlinge dort zusammengeführt. Ein Teil von ihnen war bereits in den ersten Tagen an Unterernährung, Krankheiten und Schwäche gestorben. Weitere Opfer fordern die britischen Bombenangriffe am 3. und 4. April. Dr. Kuhlbrodt schreibt hierzu: *„Die Tatsache, dass das Lager überhaupt ein Ziel von alliierten Luftangriffen wurde, wird damit begründet, dass es in der Nähe des Bahnhofs und nicht weit entfernt vom Flugplatz lag und keinerlei Kennzeichnung trug, die es als Gefangenenlager auswies."*[65] Die Masse der Opfer stirbt wahrscheinlich in den darauffolgenden Tagen bis zur Befreiung. Diese gilt es jetzt schnellstmöglich zu beerdigen um den Ausbruch von Krankheiten und Seuchen zu verhindern. Angesichts dieser Situation ergehen von Gen.Maj. Allen und, nach Eintreffen der G-5 Abteilung des VII. US Corps, von Col. D. B. Hardin mehrere Befehle an die Bewohner von Nordhausen zur Bergung und Beerdigung der Toten.[66] Zeitweise werden zwischen 1000 bis 2000 Bewohner Nordhausens gezwungen unter Bewachung zuerst die Leichen aus den Gebäuden der Kaserne zu bergen und sie auf einem Platz zusammentragen und sie dann zum neu errichteten Ehrenfriedhof am heutigen Stresemannring zu transportieren. Dort müssen sie sie in Massengräbern, die ebenfalls von Bewohnern ausgehobenen werden, beisetzen. Unter Leitung von Maj. David Paulette werden so bis zum 16. April 1278 Tote beigesetzt. Weitere 218 tote Häftlinge aus Ilfeld und dem Krankenrevier im Lager „Dora" werden dort zwischen dem 16. April und dem 4. Mai bestattet und noch einmal 66 bis Ende Mai 1945.[67]

Die zweite Aufgabe der 104th US InfDiv ist die Fortsetzung des Angriffs mit zwei RCT hinter den Panzern Richtung Osten und die Abschirmung der Harzausgänge. Das RCT 413 unter Col. Summers, das nicht an der Offensive teilnimmt, steht nordwestlich von Nordhausen im Kampf. Das 1./413 besetzt Bad Sachsa und trifft am nördlichen Ortsausgang auf eine deutsche Gruppierung von 60 Mann und zwei Panzern. Im selben Moment geraten sie unter Artillerie- und Granatwerferfeuer und stoppen den Vormarsch. Das 2./413 besetzt am Mittag ohne Widerstand Walkenried und Ellrich. In Ellrich kommt ihnen der örtliche Müller und ehemalige Frontoffizier des 1. Weltkriegs, Maj.d.R. Otto Nuthmann mit einer weißen Fahne entgegen und übergibt den Ort.[68] Den regimetreuen Bürgermeister Fritz Petri hatte man am Tag zuvor kurzerhand eingesperrt, nachdem er sich einer kampflosen Übergabe des Ortes wiedersetzt hatte. Doch noch am gleichen Tag war es einer Gruppe bewaffneter Parteigenossen unter Führung des Kreisleiters Nentwig gelungen, ihn zu befreien und nach Benneckenstein zu bringen. Jetzt kapituliert Ellrich kampflos.[69]

Bei Ellrich stoßen die Infanteristen auf das größte Außenlager des KZ „Mittelbau-Dora", das AL Ellrich-Juliushütte, das auch als „Mittelbau II" bezeichnet wird. Das Lager war im Mai 1944 unter dem Tarnnamen „Erich" errichtet worden und hatte bis zu seiner vollständigen Evakuierung am 6. April 1945 durchschnittlich 8000 männliche KZ-Häftlinge beherbergt. Zwischen dem 4. und 6. April 1945 wurden annähernd 7000 Häftlinge unter Bewachung von Luftwaffensoldaten[70], die man, wie im Hauptlager „Mittelbau-Dora", als Ersatz für fehlende SS-Wachmannschaften eingesetzt hatte, und kleine Gruppen von SS-Männern in Todesmärschen in die KZ Bergen-Belsen und Sachsenhausen evakuiert.[71]

In der Nacht erhält die 104th US InfDiv die letzten Befehle für die Offensive auf Halle. Aber erst gilt es die Nordflanke des Corps im Harz zu sichern. Das RCT 413, die TF Laundon und das RCT 414 haben sich hierfür auf eine Umgruppierung vorzubereiten. Das 555th AAA (AW) Bn erhält den Auftrag, das Außenlager Roßla des KZ „Mittelbau-Dora" sowie das Krankenhaus und eine Anzahl von Warenlagern in Sangerhausen zu sichern. In dem Außenlager, das sich auf dem Gelände einer Zuckerfabrik befindet, hatte man im August 1944 Teile der Produktion von A-4-Aggregaten aus „Mittelbau" ausgelagert. Die Häftlinge waren unmittelbar nach den Bombenangriffen auf Nordhausen am 4. und 5. April zu Fuß und per Bahn in Richtung Bergen-Belsen evakuiert worden.[72] F

Beim LXVII. AK werden die, südlich des Harzes stehenden, Teile des Korps überrannt und weichen zu den Südharzrändern aus. Das Korps versucht von seinem Gefechtsstand in Wippra aus, eine neue Widerstandlinie aus kleinen Kampfgruppen von nördlich Stolberg bis Wippra zu organisieren. Die, südlich der 11. Armee kämpfende, 7. Armee zieht sich auf die Weiße Elster-Linie zurück. Der OB West kann sich an diesem Tag mit seinem Befehlszug noch kurz vor Eintreffen der amerikanischen Truppen von Jena nach Hirschau i.d. Oberpfalz absetzen.

Während im Raum Nordhausen die Kämpfe enden und für die überlebenden der Boelcke-Kaserne ein neuer Abschnitt beginnt, werden die Kämpfe im Harz noch viele Tage anhalten und hohe Opfer fordern. Und auch für evakuierten Insassen des KZ Mittelbau-Dora ist das Leid noch lange nicht vorbei. Aber das Ende naht.

Denkmal des Dresdner Künstlers Jürgen von Woyski auf dem Platz vor dem Krematorium zur Erinnerung an die ermordeten Opfer des Lagers und eine der Gedenktafel an die Nationalitäten der Opfer. Zwei weitere sind den ermordeten Juden und Sinti und Roma gewidmet

Fotos: Jürgen Möller, 2008, Genehmigung für Foto- u. Dreharbeiten v. 14.11.2008

---

1 NARA, B-329, Gen.Lt. Flörke.

2 BA-MA, ZA 1/660, B-309, Gen.d.Inf. Hitzfeld.

3 Oberst Estor nennt als Trennungslinie Laucha – Kölleda – Weißensee – Langensalza.

4 Steinthaleben wird auf alten Karten aus den 1930/40-iger Jahren teilweise Steinthalleben geschrieben.

5 Heydenreich war Abt.Chef i. OKH, Wa I Rü/Mun 2 (A) und Sonderbeauftragter für die Zünderproduktion und soll gem. Keilig eine Kampfgruppe im Harz geleitet haben. Saft nennt Obstlt. Hans Heidenreich, der Mai 1943 bis März 1944 Ia Offizier der 57. InfDiv war. Die Gefangenenmeldung der 1st US InfDiv nennt eindeutig die Gefangennahme von Gen.Maj. Heydenreich, den sie aber als Angehörigen des Reichsernährungsamtes bezeichnen. Dieses Amt gab es jedoch nur in den Jahren 1916–1919. Ab 1919 wurde das Amt Reichsministerium für Ernährung und Landwirtschaft.

6 „Die Zerstörung Nordhausens...", S. 45.

7 „Das Konzentrationslager Mittelbau in der Endphase der nationalsozialistischen Diktatur" v. Joachim Neander, Clausthal-Zellerfeld, 1997. Fretter-Pico spricht von „Regimentsgruppe Gros".

8 Ebenda, S. 39.

9 Gem. K.-H. Engelhardt, Großbodungen, Sohn der Krankenschwester.

10 Oberdorf/Mitteldorf und Pustleben sind Ortsteile von Wipperdorf.

11 Gem. dem AAR 104th US InfDiv sollen die Patrouillen auf deutsche Truppen und Panzer gestoßen sein, was aber nicht zutrifft.

12 „Schicksalstage im Harz" v. M. Bornemann.

13 „Auf Spurensuche", S. 67.

14 „Die Zerstörung Nordhausens...", S. 37.

15 „Auf Spurensuche", S. 67. Ziegler gibt als Zeitpunkt der Besetzung von Hamma „gegen 14.00 Uhr" an.

16 Gem. Brief v. W. Sperling, Ludwigshafen, 2010.

17 „Schicksalstage im Harz" v. M. Bornemann. Vgl. auch Schröter, S. 29/30.

18 Zitiert aus „Damals und heute – Nordhausen", S. 39. Bei den genannten Waffen handelt es sich um Neuentwicklungen von Flugzeugabwehrgeschossen. Siehe auch S. 40.

19 NARA, B-581, Oberst Estor.

20 „Nordhausen unter dem Sternenbanner", S. 6–10. Vgl. „Die Zerstörung Nordhausens...", S. 33/34.

21 „Zwanzig Tage im April…".

22 „Nordhausen unter dem Sternenbanner", S. 6–10. Vgl. „Die Zerstörung Nordhausens...", S. 33/34. In „Zeitzeugen" v. Zeitfuchs/Schirmer, S. 139 bestätigt ein Zeitzeuge die Anwesenheit einer „Kompanie in Polizeiuniform" in Stiege, die kurz darauf verschwunden war.

23 Ebenda. S. 9.

24 „Damals und heute – Nordhausen", S. 35. Es wird von 15 000 Zivilisten gesprochen.

25 „Nordhausen unter dem Sternenbanner" v. Dr. Kuhlbrodt, S. 13. Gem. Augenzeugenberichten hingen am Vortag an vielen Stellen der Stadt weiße Fahnen, die dann am Vorabend von SS-Patrouillen wieder entfernt wurden. Vgl. „Die Zerstörung Nordhausens...", S. 41.

[26] „Die Zerstörung Nordhausens...“, S. 40.
[27] „Ebenda, S. 35.
[28] „Nordhausen unter dem Sternenbanner“, S. 12/13. Vgl. „Die Zerstörung Nordhausens...“, S. 41.
[29] Ebenda, S. 40.
[30] „Fliegerhorst und Luft-Nachrichten-Schule 1…“, S. 145/146.
[31] „Nordhausen unter dem Sternenbanner“, S. 14/15. Dr. Kuhlbrodt schreibt, dass die Bewacher nach dem ersten Angriff flohen, Dr. Schröter schreibt in seinem 1988 veröffentlichten Beitrag auf S. 23, dass in der Nacht vom 3./4. April Suchtrupps der SS Jagd auf Häftlinge machten, die beim Bombenangriff geflohen waren.
[32] Webseite der National Timberwolf Association.
[33] „Nordhausen unter dem Sternenbanner“, S. 17.
[34] „Die Zerstörung Nordhausens...“, S. 41.
[35] Ebenda, S. 41.
[36] Ebenda, S. 41.
[37] Ebenda, S. 41.
[38] Ebenda, S. 42. Vgl. „Nordhausen unter dem Sternenbanner“, S. 12/13.
[39] „Die Zerstörung Nordhausens...“, S. 42.
[40] Ebenda. S. 42. Siehe Anmerkung zu Groß. Groß war Major.
[41] „Die Zerstörung Nordhausens...“, S. 43.
[42] „Schicksalstage im Harz“ v. M. Bornemann.
[43] „Die Zerstörung Nordhausens...“, S. 4.
[44] „Damals und heute – Nordhausen“, S. 34.
[45] „Zwanzig Tage im April…“.
[46] „Fliegerhorst und Luft-Nachrichten-Schule 1…“, S. 143.
[47] Nördlicher Ortsteil von Nordhausen. Wird erst nach dem Krieg eingemeindet. Er wird verschiedentlich Crimderode oder Krimderode geschrieben.
[48] „Die Zerstörung Nordhausens...“, S. 43.
[49] „Nordhausen unter dem Sternenbanner“, S. 32.
[50] „Schicksalstage im Harz“ v. M. Bornemann.
[51] Ebenda. Vgl. „Zwanzig Tage im April…“ und „Die Zerstörung Nordhausens...“, S. 43
[52] „Die Zerstörung Nordhausens...“, S. 42. Dr. Schröter verwechselt hier Welborn und Lovelady. Welborn war auf der Nordroute und Lovelady auf der Südroute, nicht umgekehrt.
[53] Ebenda. S. 44.
[54] „Nordhausen unter dem Sternenbanner“, S. 14-16.
[55] General Feller, der sich am 12.04.45 mit den Resten seines Stabes im Raum östlich Kölleda befand, begab sich von dort mit seinem Adjutanten, Oblt Stränz, auf den Weg zum Stab der 11. Armee in den Harz. Der AAR der 38th CavRcnSq (Mechanized) meldet am 13.04.45 den Tod eines Gen.Maj. Fuller bei dem Versuch eines Durchbruches durch eine Straßensperre mit einem PKW bei Landgrafroda. Dabei sollen vier Personen getötet worden sein.
[56] NARA, B-581, Oberst Estor.
[57] NARA, B-581, Oberst Estor.
[58] BA-MA, ZA 1/921, B-569, Fretter-Pico.
[59] „Das Konzentrationslager Mittelbau…“ v. Joachim Neander. Im Zusammenhang mit Mittelbau-Dora wird vom „Sonderkommando Groß“ gesprochen, bei der Verteidigung des Harzes von der „Rgt.Gr. Gros“. Siehe Fretter-Pico. Auch Bornemann verwendet in „Zwanzig Tage im April…“ die Bezeichnung „Regimentsgruppe Groß“.
[60] „Zwanzig Tage im April…“. Siehe auch „Die Zerstörung Nordhausens...“, S. 46 und Zeitzeugenbericht v. Herbert Schneider, Zeitz, Angehöriger der Geschützbatterie in der Mitteldeutschen Zeitung MZ. Bornemann schreibt, dass ein Geschütz auf dem Parkplatz vor dem Hotel, eins hinter dem Hotel und drei auf den Netzbergwiesen standen. Schneider nennt vier Geschütze.
[61] Ebenda.
[62] S-2 Periodic Report 746th Tk Bn.
[63] NARA, B-251, Oberst Estor.
[64] „Nordhausen unter dem Sternenbanner“, S. 16. Da bereits am 11. April mit der Evakuierung von Überlebenden begonnen wurde, ist davon auszugehen, dass mehr als 405 Überlebende aufgefunden und behandelt wurden.
[65] Ebenda, S. 16.
[66] Ebenda. Im Zusammenhang mit der Boelcke-Kaserne werden mehrere amerikanische Kommandeure genannt, die Befehle zur Betreuung der Überlebenden und zur Bestattung der Opfer erteilt haben. Mit Sicherheit kamen die ersten Befehle von Gen. Boudinot, der als erster mit seinem CCB die Stadt besetzt hat. Danach dürften die Befehle vom CG 104th US InfDiv, Gen. Allen, als Verantwortlicher für Nordhausen gekommen sein. Mit dem Eintreffen von Col. Hardin vom VII. US Corps am 14. April ging die Befehlsgewalt dann an diesen über, denn die 104th US InfDiv hatte einen Kampfauftrag zu erfüllen.
[67] Ebenda, S. 17-21.
[68] Ebenda, S. 46.
[69] „Zwanzig Tage im April…“. Vgl. auch „Die Stadt am Ende der Faschistenherrschaft“ von Helmut Drechsler in Beiträge zur Heimatgeschichte aus Stadt und Kreis Nordhausen, Heft 12, 1987, S. 3-4.
[70] Aus Mangel an SS-Wachmannschaften wurden nicht mehr benötigte oder gesundheitlich eingeschränkte Angehörige der Luftwaffe zur Bewachung der Lager herangezogen. So berichtet ein Gefreiter der 5. FschJgDiv, der „bedingt kriegsverwendungsfähig“ aus dem Lazarett entlassen wurde, dass er von Gardelegen aus einige Wochen nach „Dora“ als Bewachung abgestellt wurde. Siehe „Zeitzeugen“ v. Zeitfuchs/Schirmer, S. 172.
[71] Wapedia – Wiki: KZ-Außenlager Ellrich-Juliushütte, Juli 2010.
[72] „Konzentrationslager Mittelbau-Dora 1943–1945“v. Jens-Christian Wagner, Göttingen 2007. Vgl. Schröter, S. 29.

Die Einnahme von Nordhausen durch das VII. US Corps im April 1945

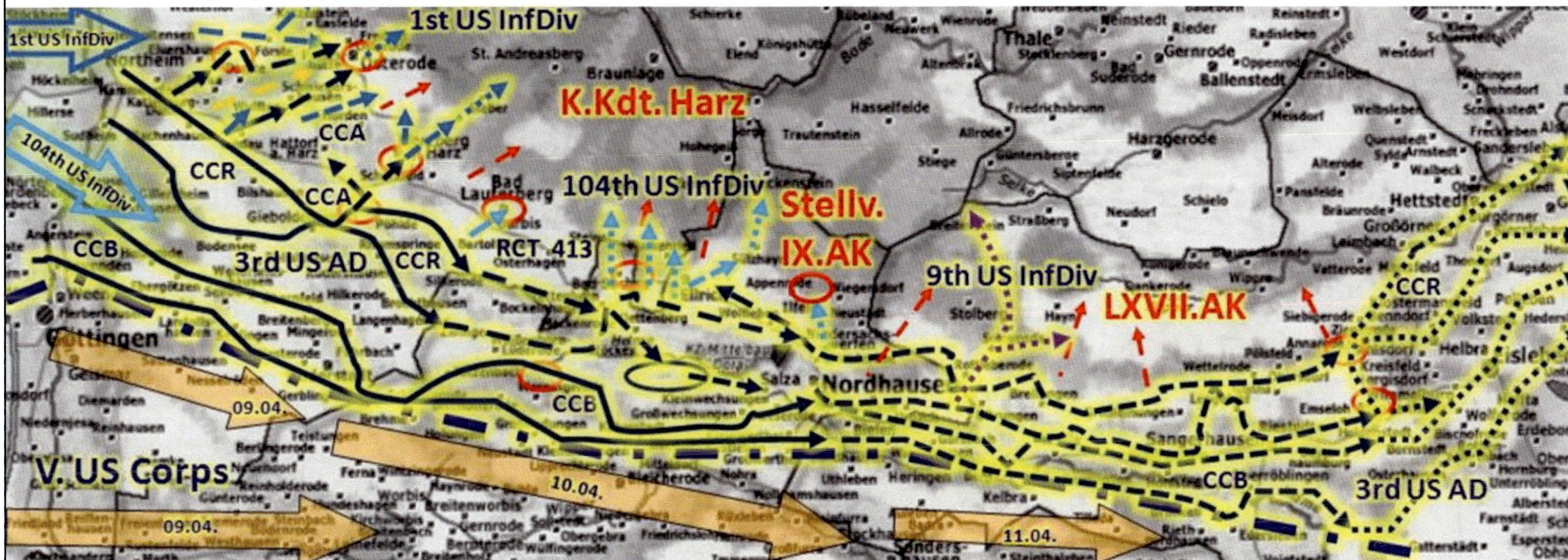

Grafik © Juergen Moeller, 2018 / Kartenlayout © 2009/2011 by Ulrich Koch / documentation office berlin

3rd US AD
1st US InfDiv
9th US InfDiv
104th US InfDiv
4th CavGp

10. April 1945
11. April 1945
12. April 1945
13. April 1945

Trennungslinie 1st / 9th US Army
Trennungslinie US Corps
Versammlungsraum

Verteidigte Stadt/ deutsche Stellungen
Angriffshandlungen
Rückzugsrichtung deutscher Truppen
Trennungslinie der deutschen Truppen

Abkürzungen

AAR	*After Action Report* (amerik.) – Einsatzbericht
Abt.	Abteilung
AD	*Armored Division* (amerik.) – Panzerdivision
a.D.	außer Dienst – im Zusammenhang mit dem Dienstgrad
AFA Bn/Gp	*Armored Field Artillery Battalion/ Group* (amerik.) – Gepanzertes Feldartilleriebataillon/Regiment
AG	Aktiengesellschaft
AG Plat.	*Assault Gun Platoon* (amerik.) – Sturmgeschützzug
AGr	*Army Group* (engl./amerik.) – Armeegruppe
A.Gr.	Armeegruppe, deutsch
AIB	*Armored Infantry Battalion* (amerik.) – Panzerinfanteriebataillon der *US Army*
AK	Armeekorps, deutsch
AL	Außenlager eines Konzentrationslagers
AOK	Armeeoberkommando
Armd Engr Bn	*Armored Engineer Battalion* (amerik.) – Gepanzertes Pionierbataillon der *US Armored Division*
Armd Gp	*Armored Group* (amerik.) – Panzergruppe, selbstständiger Verband der *US Army*
Armd Med Bn	*Armored Medical Battalion* (amerik.) – Gepanzertes Sanitätsbataillon der *US Armored Division*
Armd Ord Maint Bn	*Armored Ordnance and Maintenance Battalion* (amerik.) – Gepanzertes Instandsetzungsbataillon der *US Armored Division*
ASt.	Außenstelle
Art.Rgt.	Artillerieregiment
(Ausb.)	Ausbildung
AT Co.	*Anti-Tank Company* (amerik.) – Panzerabwehrkompanie
(B)	*Bravo* – Zeit – Zeitangabe bei US Army – beginnt am 2. April und entspricht unserer Sommerzeit.
BA-MA	Bundesarchiv-Militärarchiv Freiburg i.Br.
BAR	*Browning Automatic Rifle*, leichtes Maschinengewehr der *US Army*
Bgm.	Bürgermeister
Befh.	Befehlshaber
Bn	*Battalion* (engl./amerik.) – Bataillon
Bn.CP	*Battalion Command Post* (engl./amerik.) – Bataillonsgefechtsstand
Bn.HQ	*Battalion Headquarters* (engl./amerik.) – Bataillonshauptquartier
Btl.	Bataillon
brit.	britisch
Brig.	Brigade
Brig.Gen.	*Brigadier General* (engl./amerik.) – Brigadegeneral, Rang in der brit. Armee und der *US Army* ohne Äquivalent zur Wehrmacht
Bttr.	Batterie – Einheitsbezeichnung bei der Artillerie, auch Flak
Btry.	*Battery* (engl./amerik.) – Batterie
Cal	Caliber (engl./amerik.) – Kaliber, Angaben meist in *inch*
Capt.	*Captain* (engl./amerik.) – Hauptmann
CavGp	*Cavalry Group* (engl./amerik.) – Aufklärungsregiment bzw. motorisierte Aufklärungseinheit, die direkt dem Kommando der *Corps* untersteht
CavRcnSq	*Cavalry Reconnaissance Squadron* (engl./amerik.) – Aufklärungs-bataillon/Aufklärungseinheit der US AD bzw. der CavGp in der Tradition der US-Kavallerie
CC A / CC B / CC R	*Combat Command A, B, R* (Reserve) – Kampfverband der US AD, gebildet in der Regel aus einem Tk Bn, einem AIB sowie Unterstützungselementen, der sich für den Einsatz in sogenannte *Task Force*s untergliedert
CG	*Commanding General* (engl./amerik.) – Komm. General
CIC	*Counter Intelligence Corps* (amerik.) – Militärische Abwehr, *US Army*
Cml Mort Bn	*Chemical Mortar Battalion* (engl./amerik.) – selbstständiges Chemisches Bataillon, ausgerüstet mit schweren Granatwerfern
Cn Co.	*Cannon Company* (amerik.) – Geschützkompanie der InfRgt'er der US InfDiv
CO	*Commanding Officer* (engl./amerik.) – Befehlshabender Offizier, ab KpChef aufwärts, Offiziere im Rang bis Col.
Co. A, B (etc.)	*Company* (engl./amerik.) – Kompanie der *US Army* mit Buchstabennummerierung als Angabe der Bataillonszugehörigkeit

Col.	*Colonel* (engl./amerik.) – Oberst
Corps	(engl./amerik.) – Armeekorps
CorpsArty	*Corps Artillery* (amerik.) – Corpsartillerie der *US Army*
CP	*Command Post* (engl./amerik.) – Gefechtsstand
Cpl.	*Corporal* (engl./amerik.) – Unteroffizier
CT	*Combat Team* (engl./amerik.) – Kampfgruppe der US AD, in der Regel bestehend aus einem Bataillon und Verstärkungskräften
Dipl.Ing.	Diplomingenieur
DivArty	*Division Artillery* (amerik.) – Divisionsartillerie der *US Army*
Div.Kdr.	Divisionskommandeur
Div.K.Gr.	Divisions-Kampfgruppe
Div.Nr.	Division Nummer – Bezeichnung, welche bei den Divisionen des Ersatzheeres der Wehrmacht verwendet wurde
Div.Res.	*Divisional Reserve* (engl./amerik.) – Divisionsreserve
Div.Vbd.	Divisionsverband
Div. z.b.V.	Division zur besonderen Verwendung
DP	*Displaced person* (engl./amerik.) – Bezeichnung für die befreiten ausländischen Zwangsarbeiter, KZ-Häftlinge und aus deutscher Kriegsgefangenschaft befreiten alliierten Soldaten
Dr.	Doktor (akademischer Grad)
d.R.	der Reserve – im Zusammenhang mit dem Dienstgrad
DRK	Deutsches Rotes Kreuz
EK I und II	Eisernes Kreuz 1. und 2. Klasse. Kriegsauszeichnung der preußischen und deutschen Heere bis 1945
Engr C Bn	*Engineer Combat Battalion* (engl./amerik.) – Pionierbataillon der InfDiv der *US Army*
Erg.Aufkl.Gr.	Ergänzungs-Aufklärungs-Gruppe (der Luftwaffe)
Erg.JG	Ergänzungs-Jagdgeschwader
(Ers.)	Ersatz
Ers.Ln.S.	Ersatz-Luftnachrichten-Schule
ETO	*European Theater of Operations* (engl./amerik.) – Europäischer Kriegsschauplatz
ExO (XO)	*Executive Officer* (engl./amerik.) – Stellv. Kommandeur
FA Bn	*Field Artillery Battalion* (engl./amerik.) – Feldartilleriebataillon der *US Army*
FA Gp	*Field Artillery Group* (amerik.) – Feldartillerieregiment der *US Army*
(FKL)	(Funklenk), Einheit der Panzertruppe mit funkgelenkten Sprengpanzern
Fla.Ers.u.Ausb.Btl.	Flugabwehr-Ersatz- u. Ausbildungsbataillon
Flak.Brig.	Flak-Brigade
Flak.Div.	Flak-Division
Flak.Gr.	Flak-Gruppe
Flak.K.Gr.	Flak-Kampfgruppe
Flak.Rgt.	Flak-Regiment
Fl.H.Kdtr. Koflug	Fliegerhorst-Kommandantur
Flughafen-Bereichs-Kdo.	Flughafen-Bereichskommando
Flugplatz-Kdo.	Flugplatzkommando
Fluko	Flugmeldekommando
Frhr.	Freiherr, Adelstitel
FüHA	Führungshauptamt der SS
FüHQ	Füherhauptquartier
Fü.Stab	Führungsstab
Fwd CP	*Forward Command Post* (engl./amerik.) – Vorgeschobener Gefechtsstand
Gen.	General (deutsch/engl./amerik.) – allgemeine Bezeichnung
Gend.	Dienstgradzusatz für Angehörige der Gendarmerie
Gen.d.Art.	General der Artillerie
Gen.d.Inf.	General der Infanterie
Gen.d.Pz.Tr.	General der Panzertruppe
Gen.Kdo.	Generalkommando
Gen.Kp.	Genesenenkompanie
Gen.Lt.	Generalleutnant
Gen.Maj.	Generalmajor
Gen.Obst.	Generaloberst
Gestapo	Geheime Staatspolizei
GFM	Generalfeldmarschall
GI	*Government Issue* (amerik.) – umgangssprachliche Bezeichnung für amerikanische Soldaten

gKdos	Geheime Kommandosache
Gp.CP	*Group Command Post* (amerik.) – Gefechtstand einer selbstständigen Gruppe der *US Army*
Gren.Ers.u.Ausb.Rgt.	Grenadierersatz- u. Ausbildungsregiment
Gruf.	Gruppenführer der SS, SA und Gen.Lt. der Waffen-SS vergleichbar Gen.Maj. der Wehrmacht.
Hbf.	Hauptbahnhof
H.Flak.Art.Ers.u. Ausb.Abt.	Heeres-Flakartillerie-Ersatz- u. Ausbildungsabteilung
H.K.L.	Hauptkampflinie
H.Gr.	Heeresgruppe
HJ	Hitlerjugend
Hptm.	Hauptmann
HQ	*Headquarters* (engl./amerik.) – Hauptquartier
HQ Co.	*Headquarters Company* (engl./amerik.) – Stabskompanie
H.San.Staffel	Heeres-Sanitätsstaffel
Hscha.	Hauptscharfführer der SS, vergleichbar Oberfeldwebel
HSSPF	Höherer SS- und Polizeiführer
Hstuf.	Hauptsturmführer der SS, vergleichbar Hauptmann
H.U.S. d. Pz.Tr.	Heeresunteroffizierschule der Panzertruppen
H.U.S. f. Pz.Gren.	Heeresunteroffizierschule für Panzergrenadiere
HVA	Heeresverpflegungsamt
HVP	Heeresverbandsplatz
i.G.	im Generalstab – Zusatz zum Dienstgrad für Offiziere des Generalsstabsdienstes
InfDiv	Infanteriedivision
InfRgt	Infanterieregiment
IPW Team	*Interrogation Prisoner of War Team* (engl./amerik.) – Kriegsgefangenenbefragungsteam
I&R Plat.	*Intelligence and Reconnaissance Platoon* (engl./amerik.) – Feindlage- und Aufklärungszug der HQ Co. eines Rgt
JG	Jagdgeschwader der Deutschen Luftwaffe
JGr	Jagdgruppe der Deutschen Luftwaffe
Kav.Schtz.Rgt.	Kavallerie-Schützen-Regiment
KdS	Kommandeur der Sicherheitspolizei
Kdtr.	Kommandantur
Kdr.	Kommandeur
Kdr.d.Pz.Tr.	Kommandeur der Panzertruppen im Wehrkreis
Kdtr.	Kommandantur
KG	Kampfgeschwader der Deutschen Luftwaffe
Kgf.	Kriegsgefangene
Kgl.Ung.	Königlich-ungarisch
K.Gr.	Kampfgruppe – Bezeichnung für unterschiedlich zusammengesetzte Einheiten, welche häufig nach ihrem Kommandeur benannt wurden
K.Kdt.	Kampfkommandant
Komm.Gen.	Kommandierender General
Korps.Gr.	Korpsgruppe
Korps.Kdo.	Korpskommando
Korps.Na.Abt.	Korps-Nachrichten-Abteilung
Kp.	Kompanie – bei der Wehrmacht mit Zahlen (1. Kp usw.)
Kp.Chef	Kompaniechef (Einheitskommandeur einer Kompanie)
Kp.Führer	Kompanieführer (mit der Führung beauftragter Offizier)
Kradschtz.Btl.	Kradschützenbataillon
Kraftf.Lehr.Kdo.	Kraftfahr-Lehr-Kommendo
Kraftf.Park	Kraftfahrpark
Krim.Komm.	Kriminalkommissar
Krim.Sekr.	Kriminalsekretär
KTB	Kriegstagebuch
KZ	Konzentrationslager
Lds.Schtz.Btl.	Landesschützenbataillon – eingesetzt u.a. für die Bewachung von Kriegsgefangenenlagern
le.Art.Abt.	Leichte Artillerieabteilung
le.Flak.Bttr.	Leichte Flakbatterie
le.Hei.Flak	Leichte Heimatflak
Ln.Rgt.	Luftnachrichten-Regiment
Ln.S.	Luftnachrichtenschule
LS	Luftschutz

LS-Abt.	Luftschutz-Abteilung
Lsp.Abt.	Luftsperr-Abteilung
LS-Rgt.	Luftschutz-Regiment
Lt.	*Lieutenant* (engl./amerik.), Leutnant (deutsch) 1st Lt. – Oberleutnant; 2nd Lt. – Leutnant
Lt.Col.	*Lieutenant Colonel* (engl./amerik.) – Oberstleutnant
Lt.Gen.	*Lieutenant General* (engl./amerik.) – Generalleutnant
Luftflotten-Na.S.	Luftflotten-Nachrichtenschule
Luftgau-Kdo.	Luftgau-Kommando
Lw.	Luftwaffe
Lw-Boden-Btl.	Luftwaffen-Boden-Bataillon
Lw.Feld.K.Gr.	Luftwaffen-Feld-Kampfgruppe
Maj.	Major (engl./deutsch)
Maj.Gen.	*Major General* (engl./amerik.) – Generalmajor
Med Bn	*Medical Battalion* (engl./amerik.) – Sanitätsbataillon
MG	Maschinengewehr
MG	*Military Government* (engl./amerik.) – Militärregierung
MGFA	Militärgeschichtliches Forschungsamt
(mot.)	motorisiert
Mort	*Mortar* (engl./amerik.) – Granatwerfer
MP	*Military Police* (engl./amerik.) – Militärpolizei
MPi	Maschinenpistole
Na.Abt.	Nachrichtenabteilung
NARA	*National Archives* U.S.A. – Nationalarchiv der USA
NJG	Nachtjagdgeschwader
N.P.E.A.	amtl., volkstümlich Napola, Nationalpolitische Lehranstalt
NSDAP	Nationalsozialistische Deutsche Arbeiterpartei
NSKK	Nationalsozialistiches Kraftfahrkorps
OB	Oberbefehlshaber
Ob.d.E.	Oberbefehlshaber des Ersatzheeres
Ob.d.H.	Oberbefehlshaber des Heeres
Oberf.	Oberführer der SS, SA, vergleichbar Oberst
Oberst i.G.	Oberst im Generalstab
OBgm.	Oberbürgermeister
OFA	Oberfeldarzt
Oblt.	Oberleutnant
Obstlt.	Oberstleutnant
Obstgruf.	Oberstgruppenführer der SS, vergleichbar Gen.Obst.
Offz.Bew.Schule	Offiziersbewerberschule
Offz.Nachw.Kp.	Offiziersnachwuchskompanie
Oflag	Kriegsgefangenenlager für Offiziere
Ogruf.	Obergruppenführer der SS, vergleichbar Gen.d.Waffengattung
OKH	Oberkommando des Heeres
OKL	Oberkommando der Luftwaffe
OSS	*Office of Strategic Services*, (amerik.) Nachrichtendienst des amerikanischen Kriegsministeriums von 1942 bis 1945
Ostubaf.	Obersturmbannführer der SS, vergleichbar Obstlt.
Ostuf.	Obersturmführer der SS, vergleichbar Obtl.
OB West	Oberbefehlshaber West
OKW	Oberkommando der Wehrmacht
OT	Ortsteil
Pak	Panzerabwehrkanone
Pfc.	*Privat First Class* (engl./amerik.) – Gefreiter
Pi.Ers.Btl.	Pionier-Ersatz-Bataillon
Pkw	Personenkraftwagen
Plat.	*Platoon* (engl./amerik.) – Zug, Teil einer Kompanie
PW/POW	*Prisoner of War* (engl./amerik.) – Kriegsgefangener
PzArmee	Panzerarmee
Pz.Aufkl.Abt.	Panzeraufklärungsabteilung
Pz.Ausb.Vbd.	Panzerausbildungsverband
Pz.Brig.	Panzerbrigade
PzDiv	Panzerdivision
Pz.Ers.Abt.	Panzer-Ersatzabteilung

PzGrenDiv	Panzergrenadierdivision
Pz.Gren.Ers.u. Ausb.Btl.	Panzergrenadier-Ersatz- und Ausbildungsbataillon
Pz.Gren.Rgt.	Panzergrenadier-Regiment
Pz.Jagd.Div.	Panzerjagddivision
Pz.Jagd.Kdo.	Panzerjagdkommando
Pz.Jagd.Kp.	Panzerjagdkompanie
Pz.Jagd.Vbd.	Panzerjagdverband
Pz.Jg.Abt.	Panzerjäger-Abteilung
PzK	Panzerkorps
PzKpfw	Panzerkampfwagen
Pz.Rgt.	Panzerregiment
Pz.Vbd.	Panzerverband
Pvt.	*Privat* (engl./amerik.) – einfacher Soldat
Qm Graves Registration Co.	*Quartermaster Graves Registration Company* (amerik.) – Gräberregistrierungs-Kompanie der *US Army*
R	Reichsstraße, heute Bundesstraße
RAB	Reichsautobahn
RAD	Reichsarbeitsdienst
RAF	*Royal Air Force* (brit.) – Königliche Britische Luftwaffe
Rcn Plat.	*Reconnaissance Platoon* (engl./amerik.) – Aufklärungszug
Rcn Tp.	*Reconnaissance Troop* (engl./amerik.) – Aufklärungskompanie der *CavRcnSq*
RCT	*Regimental Combat Team* (engl./amerik.) – Regimentskampfgruppe (in den US InfDiv) – trägt die Nummer des Regiments, durch welches sie gebildet wird – z.B. *RCT 38*
Regtl.CP	*Regimental Command Post* (engl./amerik.) – Regimentsgefechtsstand
Regtl.Res.	*Regimental Reserve* (engl./amerik.) – Regimentsreserve
ResDiv	Reservedivision
Res.Laz.	Reservelazarett
Res.Pz.Abt.	Reserve-Panzerabteilung
RFSS	Reichsführer SS
Rgt.	Regiment – deutsche Abkürzung
RLB	Reichsluftschutzbund
ResPzDiv	Reserve-Panzerdivision
RSHA	Reichssicherheitshauptamt der SS
SA	Sturmabteilung, paramilitärische Kampforganisation der NSDAP – entstanden in der Weimarer Republik
SD	Sicherheitsdienst des SS
SdKfz	Sonderkraftfahrzeug
Schp.	Dienstgradzusatz für Angehörige der Schutzpolizei
Schtz.Rgt.	Schützenregiment
Sect.	*Section* (engl./amerik.) – Halbzug, Teil eines Platoon der *US Army*
s.Flak.Abt.	Schwere Flakabteilung
Sgt.	*Sergeant* (engl./amerik.) – Unteroffizier
SHAEF	*Supreme Headquarters Allied Expeditionary Force* (engl./amerik.) – Oberstes Hauptquartier der Alliierten Expeditionsstreitkräfte in Europa
SHD	Sicherheits- und Hilfsdienst
Sipo	Sicherheitspolizei
sMG	schweres Maschinengewehr
s.Pz.Gr.	Schwere Panzergruppe
SPW	Schützenpanzerwagen
Sq.	*Squad* (engl./amerik.) – Gruppe, kleinste militärische Einheit
SS	Schutzstaffel der NSDAP (1925 gegr. als „Stabswache" zum pers. Schutz Hitlers; bis 1934 Unterorganisation der SA, danach unter Himmler eigenständiges Repressionsorgan der NSDAP)
SSgt.	*Staff Sergeant* (engl./amerik.) – Unterfeldwebel
Stafü	Standartenführer der SS, SA, entspricht Oberst, aber niedriger als Oberführer
Stalag	Mannschafts-Kriegsgefangenen-Stammlager
StAEF	Stadtarchiv Erfurt
Stapo	Staatspolizei
Stellv. AK	Stellvertretendes Armeekorps – vom Wehrkreis aufgestellt
Stellv. Gen.Kdo.	Stellvertretendes Generalkommando – Stab des Stellv. AK
StoÄ	Standortältester der Wehrmacht
Sto.Kdt.	Standortkommandant
Sto.Kdtr.	Standortkommandantur

Sto.Kp.	Standortkompanie
StoÜbPl	Standort-Übungsplatz
Stubaf.	Sturmbannführer der SS, vergleichbar Major
Svc Co.	*Service Company* (engl./amerik.) – Versorgungskompanie
TAC	*Tactical Air Command* (engl.(amerik.) – Taktisches Luftkommando
TD Bn	*Tank Destroyer Battalion* (amerik.) – Panzerjägerbataillon der *US Army*
Tec 3	*Technician 3rd Grade* (amerik.) – Techniker; Dienstgrad *US Army* = Staff Sergeant, Tec 4 = Sergeant, Tec 5 = Corporal
TF	*Task Force* (engl./amerik.) – Kampfgruppe, bestehend aus allen Waffengattungen in US-Divisionen, gebildet für einen bestimmten Auftrag
ThHStA	Thüringer Hauptstaatsarchiv
Tk Bn	*Tank Battalion* (engl./amerik.) – Panzerbataillon der *US Army*
to	Tonne – Gewichts- bzw. Traglastangabe
Tp.	*Troop* (engl.) (engl./amerik.) – Kompanie der *CavRcnSq*
Treadway-Brücke	*Treadway-Bridge* (amerik.) – amerikanische Floßsack-Brücke
Trwy Br Co.	*Treadway-Bridge* Company (amerik.) – Brückenbaukompanie
TrÜbPl	Truppenübungsplatz
T/Sgt.	*Technical Sergeant* (amerik.) – entspricht First Sergeant, Stabsfeldwebel
Uffz.	Unteroffizier
USAAF	*United States Army Air Force* (amerik.) – Luftwaffe der US Army, heute nur noch *United States Air Force* als eigenständige Teilstreitkraft
(v)	(verlegbar)
VS	Volkssturm
V-Waffe	Vergeltungswaffe
Waffen-SS	Entsteht 1933 aus der Allgemeinen SS als „Stabswache Berlin“ – später „Leibstandarte Adolf Hitler“; 1935 entsteht daraus die „SS-Verfügungstruppe“ mit Standarten im Reich (u.a. eingesetzt beim Betrieb der KZ's), die mit Beginn des 2. Weltkriegs zur Waffen-SS ausgebaut wird; gegen Ende des Krieges rund 900.000 Mann.
WASt	Wehrmachts-Auskunftstelle
WBK	Wehrbezirkskommando
W.Kr.	Wehrkreis
WFSt	Wehrmachtsführungsstab
WP	*White Phosphor* (amerik.) Bezeichnung bei Phosphorgranaten
z.b.V.	Zur besonderen Verwendung
.30cal	Amerikanisches Patronenkaliber 7,62 mm (3 inch)
.50cal	Amerikanisches Patronenkaliber 12,7 mm (5 inch)
4,2inch	Amerikanisches Granatwerfergeschoss Kaliber 106,7 mm
8inch	Amerikanisches Artilleriegeschoss Kaliber 203 mm

Nummerierungen:

I a	1. Generalstabsoffizier der Division (Wehrmacht), verantwortlich für Einsatz und Führung
I b	2. Generalstabsoffizier der Division (Wehrmacht), Quartiermeister
I c	3. Generalstabsoffizier der Division (Wehrmacht), verantwortlich für Feindlage und Abwehr
I d	4. Generalstabsoffizier der Division (Wehrmacht), verantwortlich für Ausbildung
G-1/S-1	Personalabteilung bei der *US Army* („G“ bei Army/Div., „S“ bei Regt./Bn)
G-2/S-2	Abteilung für Feindaufklärung bei der *US Army*
G-3/S-3	Abteilung für Operationen und Planungen der *US Army*
G-4/S-4	Abteilung für Logistik der *US Army*
G-5	Abteilung für administrative Aufgaben der *US Army* in den besetzten Gebieten (*Civil Affairs/Military Government*), spezielle *G-5 Sections* gab es ab Ebene der Divisionen
1./317	1. Bataillon des 317th InfRgt, hier der 80th US InfDiv der *US Army*
3./432	3. Batterie der s.Flak.Abt. 432

Quellenverzeichnis

Military Studies, Historical Division USAREUR/OCMH, Washington DC im Bestand des Bundesarchiv-Militärarchiv Freiburg i. Br. und National Archives Microfiche Publication, Foreign Military Studies, U.S.A.

ZA 1/144 A-893 Gen.Maj. Frhr. v. Gersdorff, Chef d. Stabes 7. Armee, „Die Endphase des Krieges - Vom Rhein zur tschechoslowak. Grenze" v. 20.03.46

ZA 1/660 B-309 Gen.d.Inf. Hitzfeld, "Kampf in Mitteldeutschland (22.3.-11.5.), dies im Rahmen des LXVII. AK für Zeit 22.3.-19.4. 45" v. 22.08.46

ZA 1/732 B-382 Gen.Lt. Floerke (und Chef d. Stabes Oberst i.G. Bodenstein), „Bericht über die Tätigkeit des Gen.Kdo. LXVI.AK März April 1945, 26.–30.3.45" v. 20.12.46

ZA 1/733 B-383 Gen.Lt. Floerke (und Chef d. Stabes Oberst i.G. Bodenstein), „Bericht über die Tätigkeit des Gen.Kdo. LXVI.AK März April 1945, 30.3.-4.4.45" v. 20.12.46

ZA 1/857 B-507 Gen.d.Inf. Petersen, Komm.Gen. Gen.Kdo. XC.AK "Kämpfe vom 20.03.45 bis 6.05.45" v. Nov.46-Mai 47

ZA 1/858 B-507 Skizzen XC. AK – Petersen

ZA 1/920 B-568 Gen.d.Art. Maximilian Fretter-Pico, „Die Operation des Fü.Stabes Stellv. Gen.Kdo. IX v. 2.-22.4.45 beginnend vom Fall Kassel bis in das Zentrum des Harzes" v. 4.3.47

ZA 1/935 B-583 Gen.d.Inf. F. Schulz - Mai 1946, Lage (im Großen) H.Gr. G April 1945 (identisch mit Brief)

ZA 1/960 B-607 Gen.Lt. Floerke, „Bericht zur Tätigkeit LXVI.AK März April 45" v. 23.6.47

ZA 1/1056 B-703 Oberst i.G. Horst Wilutzky, Ia der H.Gr. G, „Der Kampf der H.Gr. G im Westen – Abschlusskämpfe in Mittel- und Süddeutschland bis zur Kapitulation vom 22.03.–06.05.45" v. Sept./Okt. 47

ZA 1/2418- 2420, (T-123), Geschichte des OB West - GFM Kesselring, Band I - IV

NARA B-217 Gen.d.Inf. Franz Mattenklott – Kämpfe in Westfalen, Rückzug in den Harz, W.Kr. VI, 22.03.-20.4.1945

NARA B-219 Gen.d.Pz.Tr. Maximilian Reichsfreiherr v. Edelsheim - Bericht über die Tätigkeit des deutschen XXXXVIII. PzK beim amerikanischen Feldzug in Mitteldeutschland vom 11.04.-03.05.45 v. 12.07.1946

NARA B-312 Gen.Maj. Paul Görbig – Kampfgruppe Generalmajor Görbig vom Einsatz im Teutoburger Wald bis zum Harz. 1.–10.4.45 (VI. AK)

NARA B-329 Gen.Lt. Flörke – Bericht über die Tätigkeit des Gen.Kdo. LXVI. AK im März April 1945 v. 7.4.1946

NARA B-394 Gen.d.Pz.Tr. Walter Wenck – An beiden Ufern der Elbe, 12. Armee, 11.4. – Mai 1945

NARA B-414 Oberst i.G. Rolf Geyer – Darstellung des Verlauf der Kämpfe auf deutscher Seite bei Heeresgruppe H vom 10.3. bis 9.5.1945

NARA B-561/562 Gen.Maj. Erwin Kaschner – 326. VolksGrenDiv, 26.1.–17.4.1945

NARA B-581 Oberst Fritz Estor – Kämpfe der 11. Armee April 1945 in Mitteldeutschland

NARA B-606 Oberst Günther Reichhelm – Das letzte Aufgebot (Kämpfe der deutschen 12. Armee im Herzen Deutschland 13.4.-7.5.1945)

Bundesarchiv-Militärarchiv Freiburg i. Br.

RH 8/1265 Bericht Entwurf u. Einsatz des A4 - Gerätes v. Gen.Maj. Dornberger, Insp. d. FR - Truppen 1945, Verzeichnis der Verlagerungsorte März 45

RH 19 XII/ N 318/ 1 Gen.d.Inf. Friedrich Schulz, Oberbefehlshaber der H.Gr. G, "Lage, Auftrag und Maßnahmen der H.Gr. G im April 45", Nachlass handschr. v. 7.5.46, 6 Seiten

Amerikanische Unterlagen, Chroniken, Bücher

- United States Army in World War II - Special Studies, Chronology 1941-1945, compiled by Mary H. Williams, Office of the Chief of Military History, Department of the Army, Washington D.C. 1960
- United States Army in World War II - The E.T.O, The last offensive - Chapter XVII, Sweep to the Elbe by Charles B. Mac Donald, Center of Military History, Washington D.C. 1993
- Order of Battle U.S. Army in World War II, Shelby L. Stanton, Presidio Press, Novato CA 1985
- Central Europe - The U.S. Army Campaigns of World War II - Edward N. Bedessem, U.S. Army Center of Military History CMH-Pub 72-36, (Broschüre, veröffentlicht im Internet 27.10.2000)
- "War as I knew it" George S. Patton, Jr., Annotated by Col. Paul D. Harrkins, Houghton Mifflin Company, Boston MA
- "The XX. Corps - Its History and Service in World War II" Halstead, KS: W.E.B.S. 1984. (Neuauflage)
- "Spearhead in the West - The Third Armored Division 1941-1945", reprinted by the Battery Press, Library of Congress
- „Spearheading with the Third Armored Division", written 1945, Übersetzung Jürgen Möller, 2001
- "Death Traps – The Survival of an American Armored Division in World War II", by Balton Y. Cooper, Presidio Press, Copyright 1998. Übersetzung Jürgen Möller, 2001
- „Phantom Nine: The 9th Armored (Remagen) Division 1942–1945" Dr. Walther E. Reichelt, 1987, Übersetzung Jürgen Möller, 2002
- HQ 9th Armored Division - PR-Section, Capt. Cav. PR Officer Charles Gillett 3. Sept. 1945, Übersetzung: Ulrich Koch, Archiv Koch-Berlin
- "Eight Stars to Victory – A history of the veteran Ninth US Infantry Division"
- "The 9th Infantry Division in WW II – As told by the man", Robert Cardinell

- "Timberwolf Tracks: The History of the 104th Infantry Division, 1942-45" by Leo A. Hoegh, and Howard J. Doyle, Washington, D.C.; Infantry Journal Press
- "Unit History of the 87th Chemical Mortar Battalion 22 May 1943 to 6 November 1945" by R. Bruce Elliott

Amerikanische Kriegstagebücher

- After Action Report V. Corps April 1945, NARA 205-0.3
- After Action Report 9th AD, April 1945, NARA 609-0.3
- After Action Report 2nd InfDiv, April 1945, NARA 302-0.3
- After Action Report 69th InfDiv, April 1945, NARA 369- 0.3
- Action Report 69th InfDiv, April, Mai 1945, NARA 369-3
- G 3 Journal 69th InfDiv, April, Mai 1945, NARA 369-3
- After Action Report 102nd CavRcnSq, April 45, v. Barbera Berntsen, 1999
- After Action Report VII. Corps, April 1945, NARA 207-0.3
- After Action Report 3rd AD, April 1945, NARA 603-0.3
- After Action Report CCA 3rd AD, April 1945, NARA 603-CCA-0.3
- After Action Report 83rd Armd Rcn Bn, April 1945, NARA 603-CAV-0.3
- After Action Report 36th AIR, 3rd US AD, Combined Arms Research Library CARL Fort Leavenworth
- S-3 Unit Journal 36th AIR, April 1945, NARA, 603-Inf.(36)-3.2
- G-3 Periodic Report 3rd AD, April 1945, NARA, 603-3.1
- After Action Report 9th US InfDiv, April 1945, NARA 309-0.3
- After Action Report 104th InfDiv, April 1945, NARA, 3104-0-3
- After Action Report 750th Tk Bn, April 1945, NARA ARBN-750-0.3
- After Action Report 817th TD Bn, CARL Fort Leavenworth
- XIX Corps Combat Chronology April 1945

Deutsche Unterlagen, Chroniken, Bücher (Auswahl)

- KTB des OKW (WFSt) 1940 –1945 geführt v. Helmuth Greiner u. Percy E. Schramm, KTB des OKW (WFSt) 01. Januar 1944-22.05.1945 Band 4 v. Percy E. Schramm, Bernard & Graefe Verlag GmbH & Co. Kg, Bonn
- „Die Geheimen Tagesberichte der Wehrmachtsführung im Zweiten Weltkrieg 1939–1945", Bd.12 1.1.45-8 5.45 - Kurt Mehner Biblio Verlag Osnabrück 1984
- „Verbände und Truppen der deutschen Wehrmacht und Waffen-SS 1939–1945", Georg Tessin; Bd. 1-15, 2. verbesserte Auflage, 1972 – 79, Biblio Verlag Osnabrück
- „Die Deutsche Wehrmacht 1939 - 1945 - Führung und Truppe", Kurt Mehner; Militair-Verlag Klaus D. Patzwall - Norderstedt 2. Auflage 1993
- „Heereseinteilung 1939", Gen.Lt. a.D. Friedrich Stahl, Verlag Hans-Henning Podzun - Bad Nauheim 1954
- „Das Deutsche Heer 1939–1945", Wolf Keilig; Podzun-Pallas-Verlag Bad Nauheim 1956
- „Das große Buch der Deutschen Heere im 20. Jahrhundert", Bruce Quarrie, Podzun-Pallas-Verlag 1990
- „Die Generäle des Heeres", Wolf Keilig, Podzun-Pallas-Verlag GmbH, Friedberg 1983
- „Deutscher Volksturm - Das letzte Aufgebot 1944/1945" v. Franz W. Zeidler , Bechtermünz-Verlag, für Weltbildverlag GmbH, Augsburg 1999
- „Hitlers Weisungen für die Kriegsführung 1939-1945", Walter Hubatsch, Bernhard & Gräfe Verlag für Wehrwissen, Frankfurt/Main, 1962
- „Der Zweite Weltkrieg – Kampf ums Reich – Krieg an allen Fronten", Verlag Pabel-Moewig Rastatt, 1994
- „Die amerikanische Besetzung Deutschlands", Klaus-Dietmar Henke, R. Oldenbourg Verlag, München, 1996
- „Wehrmacht und Niederlage", Andreas Kunz, Schriftreihe des MGFA, Band 64, R. Oldenbourg Verlag, München, 2005
- „Deutschland im Zweiten Weltkrieg", Wolfgang Schumann und Olaf Groehler, Bd. 6, Akademie-Verlag Berlin 1985
- „Deutsche Chronik 1933–1945", Heinz Bergschicker, Verlag der Nation Berlin, 4. Auflage 1988
- „Der Zweite Weltkrieg - Kampf ums Reich - Krieg an allen Fronten", Verlagsunion Pabel-Moewig KG Rastatt 1994
- „Der Zweite Weltkrieg", Heinz Bergschicker, Deutscher Militärverlag, Berlin 1964
- „Die Besatzer und die Deutschen - Amerikanische Zone 1945 – 1948", Klaus-Jörg Ruhl, Droste Verlag Düsseldorf 1980, Sonderausgabe für Gondrom Verlag GmbH & Co.KG. Bindlach 1989
- „Der verdammte Krieg - Kriegsende 1943-45", Guido Knopp, C. Bertelsmann Verlag GmbH , München 1991, Sonderausgabe 1998
- „Kriegsende 1945 in Deutschland", Schriftreihe des MGFA, Band 55, R. Oldenbourg Verlag, München, 2002
- „Der Lebensborn e.V. - Ein Instrument nationalsozialistischer Rassenpolitik" v. Georg Lilienthal, Frankfurt a.M. 2003
- „Die Illusion der Wunderwaffen – Die Rolle der Düsenflugzeuge und Flugabwehrraketen in der Rüstungspolitik des Dritten Reichs" v. Ralf Schabel, Verlag Oldenbourg, Ausgabe Februar 1994
- „Schülersoldaten 1943–1945", Hans-Martin Stimpel, Cuvillier Verlag Göttingen, Göttingen 2004
- „Die Flakhelfer" v. Hans-Dietrich Nicolaisen, Verlag Ullstein, Buch Nr. 33045, 1985
- „Heinrich Himmler Biographie" v. Peter Longerich, Pantheon Verlag 2008, 2. Auflage
- „Goebbels Tagebücher 1945 – Die letzten Aufzeichnungen", Lizenzausgabe mit Genehmigung des Hoffmann und Campe Verlag Hamburg
- „Soldat bis zum letzten Tag", Albert Kesselring, Generalfeldmarschall a.D., Verlag S. Bublis Schnellbach 2000, Erstauflage 1953
- „Ein Infanterist in zwei Weltkriegen", Otto Maximilian Hitzfeld, Biblio Verlag, Osnabrück 1983
- „„... verlassen von des Sieges Göttern", Maximilian Fretter-Pico, Kyffhäuser-Verlag Wiesbaden, 1969

- „Das letzte Kriegsjahr im Westen – Die Geschichte der 116. Panzer-Division – Windhund-Division – 1944-1945", Heinz Günther Guderian, SZ Offsetdruck-Verlag, 1. Auflage 1994
- „Die Armee Wenck - Hitlers letzte Hoffnung", Günther W. Gellermann; Bernard & Graefe Verlag Bonn 1997, 3. Auflage
- „... und die Aufklärer sind immer dabei...", Cord Schwier, Munster 2001
- „Die deutsche Panzertruppe Bd. 2 1943-45", , Thomas L. Jentz, Podzun-Pallas-Verlag, 1999
- „Das Ende im Westen 1945", Werner Haupt, Podzun-Verlag, 1972
- „Die letzten Kriegstage im Eichsfeld und im Raum Mühlhausen vom 3. bis 10. April 1945", Eduard Fritze, Verlag Rockstuhl Bad Langensalza, 1. Auflage 2002
- „Kriegsende und Neubeginn im Landkreis Eichsfeld 1945/1946", Thomas T. Müller und Maik Pinkert, im Auftrag des Landkreises Eichsfeld, der Stadt Heiligenstadt und des Bischöflichen Geistlichen Kommissariats Heiligenstadt, Eichsfeld Verlag, 2003
- „Raketenschmieden und KZ-Außenkommandos im Eichsfeld und Südharz 1944–1945", Joachim Bornschein, Wartburg Verlag Weimar, 1. Auflage 2003
- „Die letzten Tage in der Festung Harz", Manfred Bornemann, Piepersche Druckerei und Verlag GmbH Clausthal-Zellerfeld, 5. Auflage 1990
- „Schicksalstage im Harz", Manfred Bornemann, Piepersche Druckerei und Verlag GmbH Clausthal-Zellerfeld, 6. Auflage 1989
- „Krieg in der Heimat ...bis zum bitteren Ende im Harz", Ulrich Saft, Militärbuchverlag Saft Walsrode, 2. Auflage 1996
- „Auf Spurensuche - Der Kreis Sangerhausen 1939–1945", Thilo Ziegler, 1999
- „Nordhausen im Bombervisier – Zum Luftkriegsschicksal einer mitteldeutschen Stadt 1940 - 1945", Walter Geiger, Verlag Neukirchner, 1. Auflage 2000
- „Mitteldeutschland im Luftkrieg 1944 und 1945", Fred Dittmann, Eisleben 2001
- „Fliegerhorst und Luft-Nachrichten-Schule 1 Nordhausen 1935–1945", Fred Dittmann, Verlag Rockstuhl, 1. Auflage 2006.
- „Our Way to Halle – Der Marsch der ‚Timberwölfe' nach Halle", Matthias J. Maurer, fliegenkopf verlag Halle 2001

Deutsche Zeitzeugenberichte, Veröffentlichungen, private Sammlungen und Archivunterlagen

- „Die Aktion Leuthen" - Das Ende des deutschen Ersatzheeres im Frühjahr 1945, Andreas Kunz, MGFA - Zeitschrift für Geschichtswissenschaften, Heft 9, 48. Jahrgang 2000, S. 789 ff.
- „Das Konzentrationslager ‚Mittelbau' in der Endphase der nationalsozialistischen Diktatur" v. Joachim Neander, Clausthal-Zellerfeld, 1997, Dissertation Universität Bremen, 1996
- „Konzentrationslager Mittelbau-Dora - 1943–1945" v. Jens-Christian Wagner, Göttingen 2007
- „Evakuierungstransporte des KZ Buchenwald und seiner Außenkommandos", Buchenwaldheft 16, Christine Schäfer, NMG Buchenwald 1983
- „Raketen aus Bleicherode: Raketenbau und Entwicklung in Bleicherode am Südharz 1943–1948", Bernd Henze, Gunter Hebestreit, Schriftenreihe „Spuren der Vergangenheit", Bd. 1, 2. Auflage 2008
- „Die Zerstörung Nordhausens und das Kriegsende im Kreis Grafschaft Hohenstein 1945", Manfred Schröter, Beiträge zur Heimatkunde aus Stadt und Kreis Nordhausen, Meyenburg-Museum, Sonderausgabe 1988
- „Nordhausen unter dem Sternenbanner", Peter Kuhlbrodt, Schriftenreihe heimatgeschichtlicher Forschungen des Stadtarchiv Nordhausen, Nr. 7, 1995
- „Die Stadt am Ende der Faschistenherrschaft" v. Helmut Drechsler in Beiträge zur Heimatgeschichte aus Stadt und Kreis Nordhausen, Heft 12, 1987
- „Schicksalstage 1945 in Großwerther – Das Tagebuch der Ursula Schönemann" in Beiträge zur Heimatkunde aus Stadt und Kreis Nordhausen, Heft 16, 1991
- „Auleben im April 1945 – Kriegszeit und Kriegsende in einem Dorf in der Goldenen Aue." v. Jörg-Michael Junker und Hans-Jürgen Kohlmann, in „Beiträge zur Heimatkunde aus Stadt und Kreis Nordhausen", Heft 20, Nordhausen 1995
- „Damals und heute – Nordhausen" v. Karel Margry aus der Reihe „After the Battle", Heft 101, 1998
- „Zwanzig Tage im April - Die Kriegsereignisse bei Ilfeld vor 50 Jahren – Eine Chronik" v. Manfred Bornemann, 1995
- „Aus längst vergangenen Tagen Band 1" v. Albert Humm, 1982
- „Aufstellung, Einsatz und Untergang der SS-Panzerbrigade ‚Westfalen' März–April 1945", v. Wilhelm Tieke, Schriftenreihe „Der Freiwillige" Heft 4 – 12/1989 sowie Ergänzungen und Berichte in den Heften 05/91, 06/95, 02/99, Mai/Juni 2008
- Sammlung Ziegler, Sangerhausen (Kopien des Briefverkehrs zwischen den Gemeinden und dem Landratsamt Sangerhausen zur Chronik von Sangerhausen 1947, Originale im Bestand Archiv Sangerhausen)
- Sammlung Rudi Herz, Berlin

Weitere Beiträge aus Zeitschriften und Zeitschriftenreihen

- ARATORA - Zeitschrift des Vereins für Heimatkunde, Geschichte und Schutz von Artern e.V. Band 1 (1991), 5 (1995), 6 (1996), 11 (2001)
- „Heimatblätter für den südwestlichen Harzrand" herausgegeben vom Heimat- und Geschichtsverein Osterode/Harz und Umgebung e.V.
- „Unser Harz – Zeitschrift für Heimatgeschichte, Brauchtum und Natur"
- Harz-Kurier
- Mitteldeutsche Zeitung MZ

Webseiten

- „Chronik von Nordhausen" v. Dr. Kuhlbrodt, Webseite der Stadt Nordhausen, Stand Februar 2011, www.nordhausen.de
- „Zur Geschichte der Kyffhäuserregion" www.kyffnet.de
- „Von Netzkater bis Sophienhof", April 2011, www.rambow.de/netzkater
- „Rüstungsproduktion in Mitteldeutschland", 2009, www.nszwangsarbeit.de

- „Ingenieurbüro konstruiert 1944 neue U-Boot-Generation“ v. Gerhard Simon, www.arge-deutsche-geschichte.de
- „Forschungsstaffel z.b.V.“ v. Oberregierungsrat Vermessungsassessor Dipl. Ing. Win-fried Schrödter, www.vexili.net/HistMGL/Org_FoStff.html
- „Allgemeine Flugabwehrraketen Wasserfall, Taifun“, www.luftfahrtprojekte.de
- „...bis zum bitteren Ende im Harz“ v. Dr. Erich Kalckbrenner, http:/home.arcor.de/ axel.strube/Berichte/bis_zum_bitteren_ende.html

Informationen, die dem Internetportal Wikipedia unter dem jeweiligen Schlagwort entnommen wurden, sind als solche gekennzeichnet und haben den Stand 2018.

Verwendetes Kartenmaterial

- Topographische Karte der US Army, Central Europe, 1:100 000, 1st Edition, published by War Office, 1944
- Reichskarte Einheitsblatt 86 Nordhausen - Sondershausen, 1:100 000, Verlag des Reichsamtes für Landesaufnahmen Berlin, 1936
- „Reisen und Wandern durch Deutschlands Gaue, der Harz“, Beilage zum Sammelalbum (vor 1945)
- „BZ Karte Harz und Kyffhäuser“ herausgegeben von der „BZ am Mittag“ im Ullsteinhaus, Berlin (vor 1945)
- Shell Reisedienst Straßenkarte Nr. 11 Thüringen - Mitteldeutschland (vor 1945)
- Shell Reisedienst Straßenkarte Nr. 12 Sachsen-Mitteldeutschland (vor 1945)
- Kartenmaterial der ehemaligen Nationalen Volksarmee der DDR
- Topographische Karte Südliches Harzvorland mit Kyffhäuser und Hainleite, 1:50 000, Thüringisches Landesamt für Vermessung und Geoinformation, 2005

Buchreihe: Kriegsende in Mitteldeutschland 1945 von Jürgen Möller im Verlag Rockstuhl

Band 1 **Kampf um Nordthüringen im April 1945**
Kampfhandlungen Raum nördlich Mühlhausen-Langensalza und der Vorstoß des V. US Corps von der Werra durch die Landkreise Heiligenstadt, Worbis und Sondershausen zur Unstrut und weiter zur Saale
Festeinband, 224 Seiten, 92 Abbildungen
ISBN 978-3-86777-212-9 29,95 €

Band 2 **Kriegsschauplatz Leipziger Südraum 1945**
Vorstoß des V. US Corps im April 1945 zur Weißen Elster, die Kampfhandlungen im Leipziger Südraum, die letzten Kriegstage an Mulde und Elbe und die amerikanische Besatzungszeit im Leipziger Südraum
Festeinband, 320 Seiten, 163 Abbildungen
ISBN 978-3-86777-168-9 29,95 €

Band 3 **Der Kampf um Zeitz April 1945**
Der Übergang der amerikanischen Truppen über die Weiße Elster im Raum Zeitz, der Einsatz der Napola-Schüler aus Naumburg und Schulpforta, der Kampf um die Flakstellungen und die Besetzung von Zeitz
Festeinband, 240 Seiten, 176 Abbildungen
ISBN 978-3-86777-477-2 29,95 €

Band 4 **Der Kampf um den Harz April 1945**
Der Vorstoß des VII. US Corps durch das nördl. Eichsfeld, den West, Süd- und Ostharz und die Goldene Aue zur Saale und Elbe, d. Besetzung von Nordhausen, d. Befreiung des KZ Dora-Mittelbau u. d. Zerschlagung des Harzkessels
Festeinband, 352 Seiten, 92 Abbildungen
ISBN 978-3-86777-257-0 29,95 €

Band 5 **Endkampf an der Mulde 1945**
Eroberung der Elbe- und Mulde-Brückenköpfe zwischen Magdeburg und Eilenburg, die Besetzung der Stadt Halle u. d. mitteldeutschen Industrieregion Dessau – Bitterfeld – Wolfen und die alliierte Besatzungszeit zw. Harz u. Mulde
Festeinband, 336 Seiten, 148 Abbildungen
ISBN 978-3-86777-334-8 29,95 €

Band 6 **Flak im Endkampf – Leuna 1945**
Besetzung d. mitteldeutschen Chemiezentrums Schkopau – Merseburg – Leuna durch d. V. US Corps April 1945
Festeinband, 224 Seiten, 170 Abbildungen
ISBN 978-3-86777-457-4 29,95 €

Band 7 **Kriegsende an Saale und Unstrut April 1945**
Der Vorstoß des V. US Corps aus Nordthüringen zur Saale und Unstrut und die Besetzung der Region Querfurt, Naumburg und Weißenfels im April 1945
Festeinband, 256 Seiten, 184 Abbildungen
ISBN 978-3-86777-456-7 29,95 €

Band 8 **Die letzte Schlacht – Leipzig 1945**
Die Besetzung der Reichsmessestadt durch das V. US Corps der 1st US Army im April 1945
Gb., 312 Seiten, 216 Abbildungen und 4 Karten
ISBN 978-3-86777-687-5 29,95 €

Band 9 **Sturmlauf von der Werra zur Saale 1945**
Der Vorstoß des XX. US Corps über die Werra und durch das obere Eichsfeld und Thüringer Becken bis zur Saale
Festeinband, 336 Seiten, 140 Abbildungen
ISBN 978-3-86777-647-9 29,95 €

Band 10 **Panzerkeile auf der Thüringer Autobahn 1945**
Der Vorstoß des XX. US Corps aus dem Raum Gotha entlang der Reichsautobahn bis zur Saale bei Jena und der Kampf um die Städte Erfurt, Weimar und Jena
Festeinband, 352 Seiten, 171 Abbildungen
ISBN 978-3-86777-648-6 29,95 €

Spezialausgabe
Konzentrationslager Buchenwald und Besetzung von Weimar 1945
A4, Broschur mit 47 Fotos und Karte
ISBN 978-3-95966-274-1 19,95 €

Preisstand Nov. 2018. Irrtümer sind vorbehalten.

Band 11 **Durchbruch zur Zwickauer Mulde April 1945**
Der Angriff des XX. US Corps aus den Saale-Brückenköpfen zur alliierten Haltelinie von Rochlitz an der Zwickauer Mulde bis Chemnitz und die Besetzung von Ostthüringen und Teilen Westsachsens
Festeinband, 358 Seiten mit 171 Fotos
ISBN 978-3-86777-649-3 29,95 €

Band 12 **Der Kampf um die Thüringer Pforte April 1945**
Der Vorstoß des VIII. US Corps aus dem Raum Eisenach zur Linie Gotha – Oberhof, die Kämpfe im nordwestlichen Thüringer Wald und die Besetzung der Städte Eisenach und Gotha
Festeinband, ca. 350 Seiten, in Vorbereitung für Ende 2019
ISBN 978-3-95966-109-6 29,95 €

BEGLEITBUCH ZUR GLEICHNAMIGEN BUCHREIHE
Kriegsende in Mitteldeutschland 1945
Chronik der amerikanischen Besetzung von Thüringen und Teilen Sachsens und Sachsen-Anhalts vom 30.3.–8.5.1945
Taschenbuch, 108 Seiten, 6 Abbildungen, 20 Tab., 1 Karte
ISBN 978-3-86777-588-5 14,95 €

Weiteres Buch aus dem Verlag Rockstuhl

Rüstungsproduktion in der Mitte Deutschlands 1929–1945
Frank Baranowski
Festeinband 24 x 17 cm, 608 Seiten, 273 Abbildungen, darunter 260 Fotos.
ISBN 978-3-95966-226-0 49,95 €